常春藤传记馆

温儒敏／主编

U0889554

智谋与德行

诸葛亮传

孙芳　著

长春出版社

全国百佳图书出版单位

图书在版编目(CIP)数据

智谋与德行：诸葛亮传 / 孙芳著. —长春：长春出版社，2017.1(2023.10重印)
(常春藤传记馆 / 温儒敏主编)
ISBN 978-7-5445-4672-0

Ⅰ.①智… Ⅱ.①孙… Ⅲ.①诸葛亮(181-234)-传记 Ⅳ.①K827=362

中国版本图书馆CIP数据核字(2016)第279477号

智谋与德行:诸葛亮传

著　　者　孙　芳
责任编辑　高　静
封面设计　楠竹文化

出版发行　长春出版社
总 编 室　0431-88563443
市场营销　0431-88561180
网络营销　0431-88587345
地　　址　吉林省长春市长春大街309号
邮　　编　130041
网　　址　www.cccbs.net

制　　版　佳印图文
印　　刷　延边星月印刷有限公司

开　　本　880毫米×1230毫米　1/32
字　　数　110千字
印　　张　8.25
版　　次　2017年1月第1版
印　　次　2023年10月第4次印刷
定　　价　25.80元

总　序

温儒敏

十多年前，我主持人民教育出版社高中语文教材的编写，其中选修课就专门设置有《中外传记选读》一种，我自己还动手编写了这本教材。因为受高考“指挥棒”影响，一般学校的选修课未必真能让学生自主选修，很多选修教材编出来都没有使用，但《中外传记选读》一直很受欢迎，每年都有重印。这让我对传记的阅读推广有了特别的关注。

我还注意到最近三四年高考语文试题命制的一种趋向，无论全国卷还是其他省市卷，阅读题往往都选传记作为材料。比如今年（2016年）全国卷的甲、乙、丙三个卷子，文言文阅读的材料全是传记，包括《明史·陈登云传》（甲卷）、《宋史·曾公亮传》（乙卷）和《明史·傅珪传》（丙卷）；现代文阅读的实用类文本也多用传记，节选了《吴文俊传》和《陈忠实传》。可见传记阅读越来越受到重视，考试也有意往这方面引导。

中小学语文教材也应当多选一些传记。现在教育部正组织编写一套新的义务教育语文教科书，聘我担任总主编，这套新教材就选了不少名人传记，并鼓励学生多读传记。

为什么中小学生要多读传记？我曾在《中外传记选读》的前言中说过理由，这里不妨转述一下：

> 同学们都渴望能拥有健全、快乐和成功的人生，现在的学习阶段就在做准备，而且其本身就已经是你人生经历的一部分。我们该怎样设计自己的人生？当然最重要的还是学习。除了学习文化知识，还要从历史人物或者成功的人物身上学习宝贵的生活道理、人生哲学以及获取成功的途径。这就是励志教育，是人生教育中非常重要的部分。人都需要不断添加生活的动力，特别是在年轻的时候，要有偶像和楷模，有高远目标的激励。如同英国思想家培根所说过的：“用伟人的事迹激励我们，远胜一切的教育。”让同学们从

那些杰出的成功的人物身上吸取人生的经验，从前人多种人生道路的选择中寻找我们各自的“契合点”，这就是我们设立这门课的主要目的。

这里说的“设立这门课的主要目的”，其实也是我们推出这套“常春藤传记馆”丛书的目的。

“常春藤传记馆”丛书由北京大学语文教育研究所组织编写，长春出版社出版。全套丛书初步设定为100种，每本10万字左右，其选目、内容和写法都是为中小学生“量身定制”的。我们希望这套丛书能作为基本图书进入中小学图书馆。和其他同类传记图书相比，“常春藤传记馆”丛书有四个特色：

一是传主覆盖范围广。包括中外古今各个领域的名人，涉及政治、军事、科学、实业、社会活动、文学、艺术、革命等领域。重点考虑有代表性的、在精神层面可以给学生激励的那些名人。

二是和课程教学有呼应。中小学除了语文，各个学科的教材和教学都会涉及中外古今各个领域的著名人物，选择主题首先考虑这一情况，选取学生有所接触又可能希望进一步了解的那些名

人。这可以满足学生不同的兴趣爱好。

三是专门为中小学生编写。本套传记不是专业性强的评传，而是重在勾勒传主生平事业贡献的小传，内容和文字力求深入浅出，生动形象，有趣有味。阅读对象接受水平可以定位在初中程度，也可以稍高一点。特别是有些理科方面的传记，主要面对高中生。其实，小学生的课外阅读也要取法乎上，他们可以读这套为中等文化水平的读者设计的书。

四是内容安排上特别注重励志及健全的人格心理引导培养，在叙说传主生平事迹时，适当地自然地凸显这些方面的思考。

从书取名“常春藤传记馆”，有特别的含义。“常春藤”是一种多年生常绿藤类灌木。美国哈佛大学等几所著名的私立大学，组成体育联盟，叫“常春藤盟校”，其起名是因为这些老校的校舍墙上常攀缘有常春藤。本丛书以“常春藤传记馆”作为标识，是虚拟的意象，可以联想到著名的学府，也可以联想到古代的书院，从而营造浓郁的阅读氛围和宁静的心境。另外，“常春”和“长春”同音，暗含这套丛书是由长春出版社出版的。

但愿广大师生喜欢这套书，也期盼大家提出批评建议，共同来经营好这套书，让“常春藤传记馆”更好地满足广大读者，特别是中小学生课外阅读的需求，满足语文教学的需求。

2016 年 6 月 30 日济南历下

（温儒敏，山东大学一级教授，北京大学中文系教授，教育部聘义务教育语文教科书总主编）

前　言

诸葛亮是一位知名度很高的历史人物，似乎老少皆知。大家都或多或少地知道一些关于诸葛亮的故事。更有趣的是，这位历史人物形象在人们的心目中虽然神乎其神，但又似乎没有其他帝王将相那么遥远。老百姓爱他敬他，文人墨客也爱他敬他，后世的帝王将相也爱他敬他。他似乎是一个人见人爱的传奇人物。

更让人奇怪的是，人们历来对诸葛亮形象的认知主要不是来自史书记载，而是来自小说和民间戏剧艺术，当然，这两者间是有联系的。明代罗贯中的《三国演义》是一部长篇小说，被称作中国古典四大名著之一，影响非常之大。而《三国演义》的成书过程本就与民间故事和说书艺术脱不了干系。或者可以这样说，自三国以来，诸葛亮故事的传播可谓蔚为大观。《三国演义》是集大成者，而小说的影响又造成了诸葛亮故事的更大一轮传播。

有历史学家提出，一些历史人物形象属于“箭垛型”，在漫长的传播过程中，形象本身会附加人们不同时期的价值观和认知度，因而变得越来越丰满，当然，与所谓的历史事实本身也就越来越远。诸葛亮的形象在这个传播过程中已经渐渐地有了清晰的面目：羽扇纶巾，温文儒雅，相貌俊美，却又指点江山，神机妙算。这个带点儿儒生气息，又仙气飘飘的形象似乎基本固定。认识到这一点，很多人开始反思，认为我们应该还诸葛亮一个“真实的面目”，即历史中的诸葛亮。这些人多数是功底扎实的历史学家，他们认为应该洗掉染在诸葛亮身上的一层层油彩，把他从“神”变为“人”。这样做，很必要，无可厚非。

但是，比起还他一个本来面目更让笔者感兴趣的是，历史学家的这种努力又会产生多大的影响？毕竟在诸葛亮故事中最传奇的还是那些“演义”，引起人兴趣的还是那些“非常化”的部分。所以摆在笔者面前的问题是，是否要最大限度地忠于史实，虽然这本是一个传记作者的本分。真正令人深思的是另外一个问题：我们今天为什么需要认识诸葛亮？

自三国以来，诸葛亮的传记有很多。最早也最有名的要数陈寿的《三国志》中所作之传。可以这么说，后来的传记基本都以这个看似简单的传记为本。这主要还是因为关于这位一千多年前的历史人物的历史留存资料太少了。陈寿作为晋国的史官，记述历史是本职工作，他写诸葛亮传的动机就在此，当然，站在新政权的立场上，对历史人物的评价也难免有失偏颇。想了解三国历史的人，大可拣选几种历史著作，读一读，也就够了。

抛开对三国历史的兴趣，我们今天对诸葛亮这个历史人物还有认识的必要吗？回答当然是肯定的：因为他是一个伟大的人。现在似乎不流行用“伟大”来形容一个人了，或者在某种程度上，我们都在追求“平平淡淡才是真”。要说某人“伟大”，还有矫情之嫌，它似乎已不再是个褒义词，在现代这个逆反心理泛滥的时代，要说谁“伟大”，似乎就是在提醒读者提出反例，“榨出他皮袍下的小来”。我们对人包括对历史人物的认识不再是单一化的了，变得越来越复杂，这是进步。但因此，也削弱了理想主义的激情，“不过如此”的背后也隐藏着傲慢自大的心理。这种把一切东西都平面化的认识消弭了伟大和平凡之间的界限，在看似“平等”的外表下却是自甘平庸、虚无主义的价值观。

这本传记是写给青年读者看的，当然不是为了给青年多一个崇拜的偶像。事实上，现如今的偶像崇拜都是消费性质的，这些对象与青年的学习生活并不发生关联。他们不是“见贤思齐”，而是“见贤一叹”而已。说诸葛亮是一个“伟大”的“人”，首先就是不把他“神化”，一旦神化，只能望洋兴叹；其次在作为一个“人”的意义上强调他的“伟大”的人格和品质，这才是历史人物留给我们的遗产，是我们可以学习和继承的宝贵精神财富。也就是说，诸葛亮的伟大人格在今天仍有意义。

那么，具体来说，这位有魅力的历史人物在后人的不断追忆中到底有哪些地方让人敬佩呢？我们不妨把眼光再次调回到文学中的诸葛亮。不过，我们这一次的打量不从小说那里看去，而去瞧瞧诗歌中的诸葛亮。

历代关于诸葛亮的诗歌有很多，写得多影响又大的是唐朝大诗人杜甫。李白、白居易、王安石等大诗人也曾吟咏过诸葛武侯。诗歌中的诸葛亮是一个壮志未酬的英雄。他有王佐之才，一手造成了三分天下的局势。杜甫有诗云："功盖三分国，名成八阵图。""三分割据纡筹策，万古云霄一羽毛。伯仲之间见伊吕，指挥若定失萧曹。"元稹有诗云："拨乱扶危主，殷勤受托孤。英才过管乐，妙策胜孙吴。"他是忠义的代表，孜孜于匡复汉祚的大业，虽九死而未悔。文天祥有诗云："绝怜诸葛隆中意，赢得子长天下游。一死皎然无复恨，忠魂多少暗荒丘。"他身上兼具出世与入世的士大夫情怀，既能淡泊明志，"不求闻达于诸侯"，一朝得遇明主，又能在天下群雄中运筹帷幄，当大业渐颓时，仍能知其不可为而为之。王安石有诗云："汉日落西南，中原一星黄。群盗伺昏黑，联翩各飞扬。武侯当此时，龙卧独摧藏。掉头梁父吟，羞与众争光。邂逅得所从，幅巾起南阳。崎岖巴汉间，屡以弱攻强。晖晖若长庚，孤出照一方。势欲起六龙，东回出扶桑。”李白有诗云：“当其南阳时，陇亩躬自耕。鱼水三顾合，风云四海生。武侯立岷蜀，壮志吞咸京。”他又带有悲剧英雄的气质，病死战场，虽败犹荣，令人唏嘘，亦令人动容。杜甫著名的诗歌《蜀相》这样写道：“三顾频烦天下计，两朝开济老臣心。出师未捷身先死，长使英雄泪满襟。”他能文善武，既能领兵打仗，又能写出催人泪下的前后出师表明志，儒生气与英雄气兼具，无怪乎这些后世的诗人们一再咏叹，并追慕其精神。白居易的《咏史》诗这样写：“先生晦迹卧山林，三顾那逢圣主寻。鱼到南阳方得水，龙飞天汉便为霖。托孤既尽殷勤礼，报国还倾忠义心。前后出师遗表在，令人一览泪沾襟。”又有诗云：“凛凛《出师表》，堂堂八阵图。如公全盛德，应叹古今无！”

诗人们的咏叹当然不全是客观的历史评判，借歌咏实则言己之志也。但恰恰是从这些流露出浓厚主观感情的诗句里，我们看到了诸葛亮的精神肖像。比起那个在民间呼风唤雨、能掐会算的传奇诸葛亮，他更是一个让人感动和敬佩的伟大人物。

传记写作的目的就是要通过对传主生平经历的详细描述，勾画出传主生动的精神肖像。较之于诗歌，吟咏的痕迹藏在对传主一生细致叙述的字里行间，体现了传记作者自身对历史人物的理解和认识。纵观诸葛亮的一生，生逢乱世，早年丧亲，颠沛流离，但又能博学兼收，学以致用，在少年时期就立下壮志，将天下之兴亡放入个人胸中。静心求学，广交师友，韬光养晦。“穷则独善其身，达则兼济天下”。出仕后仍能淡泊明志，为公忘私，待人以谦，处事以勤，俭以养德，踏实苦干，事必躬行，遭遇挫折不轻易放弃，一朝托孤，“鞠躬尽瘁，死而后已”。这样的一生，无愧乎己，亦无愧于人，无愧于他的时代。

目录 contents

第一章
生逢乱世立宏志
静心治学修道德

公元 181 年，即东汉灵帝光和四年，在山东南部的琅琊阳都县（今山东沂南县南），一个小男孩降生，这就是后来名著后世的卧龙先生——诸葛亮。

卧龙降生

我们很想知道这位历史上的著名人物降生时的具体情况，但史书的记载非常简略。连这一年是他的生年也是根据其卒年推定的。据《三国蜀诸葛忠武侯亮年表》记载：“辛酉，按孝灵皇帝光和四年。是岁侯生。接建兴十二年甲寅丞相亮卒

於军。时年五十四则知为辛酉年生。是年皇子协生。即献帝。”如此普通的降生似乎和其人将在历史上留下的光辉业绩不相匹配。我们一面感叹史书之简陋，一面亦可自由驰骋想象。

但是，可以确定的是，诸葛亮所出生的家族并不普通。诸葛家族是齐鲁地区的显赫家族，他们原来并不住在阳都县，而是住在诸县，就是现在的山东诸城西南。

一、诸葛世家

据说，诸葛家族的祖先并不姓诸葛，而是姓葛，是秦朝末年农民起义首领陈胜手下的一名将领，名叫葛婴。葛婴是符离人（符离就是今天的安徽宿县东北，在战国中后期属于楚地），很有军事才能，起义中受陈胜命令，带兵前往安徽征讨，攻城之后，在当地立了一位名叫襄强的人为楚王。楚国早已被秦国所灭，反秦的起义军以“复楚”为口号，一呼百应。当陈胜在河南攻下陈县（今天的河南淮阳）后，自立为王，号为“张楚”。葛婴立楚王，不过是想号召更多的人参加起义军，当他听说陈胜已在陈县称王，便杀掉襄强，回到陈胜身边。没想到，他一回来，便被陈胜诛杀。

到了汉文帝的时候，为了追授葛婴反秦之功，便将他的孙子封为诸县侯。从此以后，葛婴的后代便世代居住于此，并把地名和姓氏合在一起，以诸葛为姓。

诸葛家族在西汉时期有一位祖先，大名鼎鼎，叫诸葛丰，其以特立刚直而闻名，出任过司隶校尉，这个官是汉代监督京师和地方的监察官。

至东汉初期，诸葛家族从诸县迁到阳都，到诸葛亮的父辈这一代，他们已经在阳都定居将近一百年了。

诸葛亮的父亲名叫诸葛珪，字君贡，时任青州泰山郡郡丞。郡丞是汉朝的官职，郡守下设丞及长史，是辅助郡守的人，不是太大的官。诸葛珪共育有三男两女，长子诸葛瑾，东吴重臣；次子诸葛亮，为蜀汉名相；幼子诸葛均，耕于南阳，后也随诸葛亮在蜀汉出仕。诸葛亮八岁那年，诸葛珪病故，哥哥诸葛瑾已经十五岁，承担起奉养继母的义务，八岁的诸葛亮、年幼的弟弟诸葛均以及尚未出嫁的两个姐姐全部由叔父诸葛玄抚养。两个姐姐在荆州先后嫁给当地望族蒯家蒯祺和庞家庞山民。

诸葛亮本来也应该像哥哥一样刻苦学习，赴当时的政治文化中心洛阳太学读书游学，无奈，生逢乱世，他的命运朝向了不同的路径——小小年纪，便遭逢家变，颠沛流离。

那么，诸葛亮出生前后的时代是一个什么样的时代呢？

二、生逢乱世

当时正值东汉末年，这是一个政治上腐败黑暗混乱的时代。要了解这个时代，就必须知道几个这个时代特有的乱象。

乱象一，“外戚秉政”与“宦官专权”此消彼长。什么叫外戚秉政呢？外戚，就是指皇太后、皇后、皇妃的亲戚，如国舅（皇后的哥哥或弟弟）、国丈（皇后的父亲）等。原来自从汉章帝刘炟以后，东汉朝中继位的皇帝都很幼小。小皇帝虽然有最高首脑的名分和地位，但不具备成熟的政治统治经验，因而不可能真正独立行使最高首脑的权力。真正的权力通常由皇帝的母后及娘舅家族掌握。“宦官专权”则是因为小皇帝一天天长大后，希望能够独立掌握实权，然而势单力薄，他们就选择依靠另一群人，这就是生活在宫中、出身卑微、没有官位、没有声望亦没有社会地位的宦官。宦官自小便伴随皇帝左右，有长期在宫斗中生活的经验。有了皇帝的支持，他们就成为专擅朝政的另一股力量。汉灵帝刘宏在位 20 年，是宦官在汉朝历史上统治最长的时期。宦官的编制名目繁多，令人眼花缭乱，在灵帝时代更是有增无已，最典型的是灵帝突破常制，一次便册封了十二位中常侍，史称“十常侍”。

乱象二，“党锢之祸”。这是一个专有名词，指的是东汉桓帝、灵帝时，士大夫、贵族等对宦官乱政的现象不满，与宦官发生党争的事件。事件因宦官以“党人”罪名禁锢士人终身而得名。在反对宦官专权的斗争中，还有一支力量——士人，即所谓“党人”。早在汉桓帝时期，郭泰、贾彪便被太学中万余名学生推为领袖，他们和李膺、陈蕃、王畅等互相赞誉褒扬，以致太学中盛传：“天下模楷李元礼（李膺），不畏强御陈仲举（陈蕃），天下俊秀王叔茂（王畅）。”当时被这种方式赞誉的除了李膺、陈蕃、王畅外，还有范滂、岑晊等人。他们痛恨宦官专擅朝政，以诛除宦官澄清政治为己任，因此也遭到宦官的报复。宦官们找了个借口，把他们的领袖人物诬为“党人”，将他们罢官、逮捕、通缉，制造了第一次“党锢之祸”。桓帝死后，灵帝继位。灵帝继位时只有十二岁，是由外戚窦武和他的女儿窦太后策立的。窦武的用意很明显，就是要通过小皇帝控制朝政。为了达到这个目的，他撤销了党锢禁令，联合党人，企图把宦官势力打下去。不料，宦官们却事先知道了消息，他们抢在党人前面，又一次制造了“党锢之祸”，这一次对党人的镇压更加严厉，领袖人物入狱身亡，其他人则在全国范围内遭到搜捕通缉。被捕的百余名党人全部死于狱中，再加上在此之前已故者、被逼逃亡者、被流徙者，总共约有六七百人被牵连进来。此外，朝廷还下了一条严厉的禁令：党人永远不许为官。这条禁令是公元 169 年，即汉灵帝建宁二年发出的，到诸葛亮出生这一年，党人仍在被禁锢之中。

乱象三，“卖官鬻爵”。公元 178 年，即光和元年，汉灵帝在其母亲董太后和常侍们的教唆下，尝试卖官。朝廷公开宣布可花钱买到自关内侯以下至光禄勋下属虎贲、羽林等部门职位；卖官的规定是：地方官比朝官价格高一倍，县官则价格不一；官吏的升迁也必须按价纳钱。求官的人可以估价投标，出价最高的人就可中标上任。除固定的价格外，还根据求官人的身价和拥有的财产随时增减。一般来说，官位的标价是以官吏的年俸计算的，如年俸二千石的官位标价是二千万钱，年俸四百石的官位标价是四百万钱。后来更变本加厉，官吏的调迁、晋升或新官上任都必须支付三分之一或四分之一的官位标价。许多官吏都因无法交纳如此高额的“做官费”而吓得弃官而走。

诸葛家族累世家学，社会地位很高，与朝中累世公卿的袁氏关系密切，按照其社会地位、政治关系，诸葛珪可以在朝中为官。但他觉得，在宦官把持下的朝中做官是不会有所作为的，因此，他只在泰山郡任郡丞。诸葛亮的叔叔诸葛玄更是洒脱，他干脆断绝仕宦的念头，什么官也不做。尽管如此，诸葛亮的父亲仍然十分看重对孩子的教育，这从诸葛亮的哥哥诸葛瑾的身上就可见一斑。诸葛瑾自幼刻苦好学，年纪不大时便到京师游学，学习《诗经》《尚书》《左传》等儒家经典。

这个时代还是一个硝烟四起，国不太平的时代。公元 185 年，爆发了黄巾农民大起义，虽然黄巾军主力很快遭到镇压，但黄巾军余部坚持斗争二十余年，给东汉朝廷以沉重打击。

乱象四：“重置州牧”。在镇压黄巾起义的过程中，汉灵帝为了加强地方政权的力量，平定各地区的反抗，采纳了太常刘焉的建议，设立州一级的行政长官州牧，一改郡县两级的行政体制。出任州牧者，多为朝廷重臣，掌握州中财、政、军大权，“州任之重，自此而始”。东汉朝廷本想通过镇压黄巾起义，加强中央的统治，但当黄巾起义的风暴过后，统治者惊奇地发现，欲恢复原来的秩序已根本不可能了。各地方豪强势力拥兵自重，形成了大大小小的武装割据力量。在中央朝廷，士大夫集团的势力不断壮大，成为地方豪强在中央的政治代表。

乱象五：“董卓之乱”——“挟天子以令诸侯”。公元 189 年，即中平六年四月，汉灵帝死，汉少帝刘辩即位。外戚何进企图在司隶校尉袁绍的支持下除掉宦官张让等，结果反被宦官所杀。宦官们挟少帝和陈留王刘协出宫，少帝为凉州军阀董卓所获，从此董卓入京擅政，挟天子以令诸侯。继而，各地方割据力量开始兴兵讨董。从此，中央集权土崩瓦解，地方实力派争夺地盘，历史进入分裂割据的时代。

当时比较大的地方割据力量有：袁绍，占据冀、青、并三州，即今天的河北中南部、山东东北部和山西；曹操占据兖州，即今山东西南、河南中东部；孙策占据江东地区，即今天长江下游以南地区；刘表占据荆州，即今天湖北、湖南；陶谦占据徐州，即今天山东东南及江苏北部；公孙瓒占据幽州，即今天河北北部；刘璋占据益州，即今天四川及贵州、云南、甘肃部分地区；张鲁占据汉中，即今天陕西南部；马腾、韩遂占据关陇地区，即今陕西西部、甘肃、宁夏及青海北部。这些势力在后来的三国时代一一登上历史舞台，扮演着不同的角色。

三、颠沛流离

诸葛亮出生在这样的时代可谓生不逢时，但从另外一个意义上说，乱世出英雄，诸葛亮的出生似又恰逢其时。

古语有云：天将降大任于期人也，必先苦其心志，劳其筋骨，饿其体肤，空乏其身，行拂乱其所为，所以动心忍性，增益其所不能。诸葛亮在幼年时代经历了人生大变，先丧母后又丧父，适逢战乱，可谓几经辗转，颠沛流离。

诸葛珪病故，诸葛玄办完兄长的丧事后，适逢曹操出兵徐州征伐陶谦，为躲避战祸，便带着诸葛亮和他的两个姐姐、弟弟诸葛均前往江西南昌逃难，赴任豫章太守。诸葛瑾作为长子，留下照顾继母，但因战火烧至家门，亦弃家逃难至江东。诸葛玄到达豫章后却被东汉朝廷派来的太守朱皓取代，因此又辗转投奔荆州刘表。据史书记载，一说诸葛玄带着侄子侄女们至荆州后病逝，一说诸葛玄在江西南昌为朱皓等势力所诛杀。无论哪一种说法都表明诸葛亮遍尝流离之痛，小小年纪又痛失叔父的庇佑，被迫一力担起照顾姐姐和弟弟的重担。

丧亲之痛，亲历战乱，在诸葛亮小小的心灵上悄悄种下了渴望天下太平，变乱世为治世的种子。

躬耕隆中

公元 195 年，即汉献帝兴平二年，诸葛亮兄弟姊妹一行从水路到达荆州的首府襄阳。数年来，辗转流离的诸葛亮，见到的多是刀光剑影、饿殍流民，听到的多是杀声呐喊、呻吟叹息。进入荆州，他仿佛置身于另一个世界。

一、初到荆州

就地理位置而言，荆州治所襄阳被称为“水陆之冲”，“跨连荆豫，控扼南北，三国以来，尝为天下重地”。这里南北东西水陆交通极为便利，陆路由襄阳往北，经新野、南阳，可至京都洛阳；往南经江陵、长沙，可达广、交二州，这是一条贯通南北的主要通道。从水路来说，发源于陕西汉中地区的沔水，流经襄阳、樊城，成为陕、鄂间的主要交通动脉。由襄阳沿沔水南下可达夏口，沿长江东下可直达扬州，溯长江西上可通梁、益二州。关于襄阳的水路交通，东汉时的大文学家蔡邕曾写过一篇《汉津赋》，在描写汉水（即沔水）流经襄阳时的情景说：“过曼山以左回，游襄阳而南萦。于是游目骋观，南援三州，北集京都，上控陇坻，下接江湖，导财运货，懋迁有无。”正因为地处绝佳的地理位置，因此这个地方也很富庶。古代地理名著《水经注》中写道：“建安十三年（公元 208 年），魏武平荆州，分南郡，立为襄阳郡，荆州刺史治。邑居隐赈，冠盖相望，一都之会也。”后人曾对文中的“隐赈”二字做了这样的解释：“隐赈当作殷赈。薛综《西京赋》注云：殷赈谓富饶也。”

就其历史发展而言，此时的荆州，正值它历史上一个极度辉煌的时期。而这个时期的到来是随着一个人的上任而实现的，这个人叫刘表。公元 188 年，即汉灵帝中平五年，在黄巾起义军的打击下，东汉政权已无力对全国进行有效的控制。朝廷便采纳了刘焉的建议，“选列卿、尚书为州牧，各以本秩居任”，从此，开了州任权重的头。当时，任荆州刺史的是一个名叫王睿的人。王睿虽身为一州的行政长官，但与下属孙坚、曹寅的关系很紧张，又无政治才能，这决定了王睿不可能在荆州刺史任上坐得很久。公元 190 年，即汉献帝初平元年，一场酝酿许久的兵变终于在荆州发生了。武陵（今湖南常德）太守曹寅听说王睿要杀掉自己，便先下手为强，以朝廷按行使者的名义写了一个列举王睿罪状的檄文，送到长沙太守孙坚手里，要求孙坚接到檄文后处斩王睿。这正好给孙坚诛除王睿提供了一个绝好的机会。孙坚接到檄文后，立即带领兵马杀奔州治，表面上却装作兵士劳苦，以“求赏资”为名。当王睿发现孙坚也在求赏兵众之中时，立即觉得事情不妙，惊奇地问：“众兵士前来求赏，孙府君为何也在其中?”孙坚答：“我奉使者檄书前来诛君。”王睿知道自己再无生存的可能，便饮金而死。接替王睿任荆州刺史的，是在荆州统治长达十九年的刘表。

刘表初到荆州时，这里并不安定。当时，袁术已占领南阳，屯兵鲁阳县（今河南鲁山）。扼守荆州、豫州交通要道的鲁阳关，就在鲁阳的西南。袁术屯兵鲁阳，无异于扼住了荆、豫间的咽喉。在荆州内部，长沙太守苏代、华容（今湖北监利北）县长贝羽各自“阻兵作乱”。更为严重的是，州内的一些宗族首领也纷纷聚族起事，不服州郡治理。与曹操、孙权、刘备等人相比，刘表没有他们以天下为己任的雄才大略，但他安定、治理一方，在当时却是成就斐然。

刘表平定荆州的第一步，就是让蒯越派人招诱桀骜不驯的宗族首领，至者五十五人。刘表将他们全部杀掉，把他们的部众收编。接着又派蒯越、庞季二人前往襄阳，劝说占据那里的张虎、陈生投降。不久，刘表将州治从汉寿（今湖南常德东北）迁到襄阳。各地闻刘表威名，纷纷归附，江南四郡很快安定。随后，长沙、零陵（今湖南零陵）、桂阳（今湖南郴县）、江夏（今湖北新州西）、武陵（今湖南常德）、南郡（今湖北江陵）、章陵（今湖北枣阳南）等郡基本平定。

第二步，是巩固北境。公元 191 年，即汉献帝初平二年，袁术派孙坚攻击荆州。刘表派部将黄祖迎战，双方在樊城（今湖北襄樊）、邓县（今湖北邓州市）一带展开战斗。孙坚击败黄祖，进围襄阳。刘表又派黄祖夜袭孙坚，再次被孙坚打败。黄祖败走岘山，孙坚乘胜追击。夜色中，埋伏在竹林中的黄祖士兵用箭射杀孙坚，黄祖军转败为胜。自从这次战斗以后，袁术领教了荆州的厉害，不敢对荆州轻举妄动。荆州的北境得到了巩固。

第三步，荆州形势基本稳定之后，刘表便实行一系列所谓仁义之举，以获取荆州的进一步稳定。就这样，自从初平元年任荆州刺史以后，经过短短七八年的努力，刘表统治下的荆州，已经是“南接五岭，北据汉川，地方数千里，带甲十余万”了。荆州地区的强盛与安定，有利于经济的发展。史载“自中平以来，荆州独全，及刘表为牧，民又丰乐”。这时的荆州，已成为一个安定、富庶的地区。

刘表在平定荆州之后，又采取了一系列发展荆州的文教措施，使荆州不仅成为安定富庶之地，在文化上亦相当繁荣。

第一个措施便是妥善安置流民。刘表任荆州刺史期间，前来荆州客居的知名士人和学者不计其数。当时中国北方军阀混战，烽火连天，安定富庶的荆州对于欲避战乱之人具有磁石吸铁般的力量。仅关中地区，遭遇荒乱的百姓流入荆州者便有十万余家，其他地区的流民进入荆州者也不在少数。在大批流民当中，有很多是当世的知名士人和学者。史载“关西、兖、豫学士归者盖有千数”“士之避乱荆州者，皆海内之俊杰也”。刘表“起立学校，博求儒术”，对依附的士人“安慰赈赡，皆得资全”。

第二个措施是广开学校，亲自主持仪式，奖励学者，整理古籍，这无疑会大大促进教育和文化的发展。除大力提倡教育外，刘表还任用了一大批知名学者主持文化教育工作。南阳人宋忠，是当时有名的古文经学家，其名气与郑玄不相上下，刘表任命他为五业从事。据《三国志·魏书·刘表传》注引《英雄记》载：“州界群寇既尽，表乃开立学官，博求儒士，使綦毋闿、宋忠等撰《五经章句》，谓之《后定》。”除官立学校之外，荆州的私学也很兴盛，司马徽、庞德公、杨虑、颖容等人都是当时有名的私学开办者。王粲对刘表在政治上的作为并不是很满意，然而他在谈到荆州的文化教育时却充满了赞美之情，说刘表重视文化教育，“命五业从事宋忠，新作文学，延朋徒焉。宣德音以赞之，降嘉礼以劝之，五载之间，道化大行。耆德故老綦毋闿等，负书荷器，自远而至者三百有余人。于是幼童猛进，武人革面，总角佩觿，委介免胄，比肩继踵，川逝泉涌，如也，竞竞如也。遂训六经，讲礼物，谐八音，协律吕，修纪历，理刑法，六略咸秩，百氏备矣”。这充分反映了荆州地区文化教育事业的兴盛。

作为逃难至此的万千流民之一，经历了流离之苦的诸葛亮一行来到这里，震惊之情可想而知，虽然已无长辈照应，但他们毅然决定定居此地，躬耕务农。年仅十几岁的诸葛亮作为一家之主，更是从稼穑学起，在这个陌生的地方重新开始了自给自足的生活。

二、读书治学

诸葛亮一家的定居地在哪儿呢？在襄阳城西二十多里的一个小山村。这里山峦起伏，山谷幽深。众山峦之中，最高的主峰恰好居中，因此名为隆中山。山村也因山得名，称为隆中。隆中山起伏盘旋，势若蟠龙。另一座大旗山与之隔谷相望，它一头高昂，一头缓缓下垂，像只卧虎。这里林木茂密，修竹叠翠，泉水潺潺，池塘清澈，是修身养性、静心读书的好地方。在当时，隆中虽属南阳邓县管辖，但它远离战乱纷扰的南阳郡治，靠近安定富庶的襄阳，所以诸葛亮便带着姐姐和弟弟诸葛均在这里隐居下来。

宋代大诗人苏轼有一首诗这样写道：“回头望西北，隐隐龟背起；传云古隆中，万树桑柘美。”安定、清幽的环境，给了诸葛亮一个轻松、宁谧的心境，他除了平时参加田间的耕作外，大部分时间都用在读书学习上。伴着草屋稻草的幽香，伴着跳动闪耀的烛火，诸葛亮常常苦读至深夜。诸葛亮在隆中期间都读了些什么书？历史上虽无明文记载，但我们从他日后的言行和文章中可以推想出一些大概情况。他读书的范围很广，不局限于某一家之言。他既读《诗经》《尚书》《礼记》《春秋》等儒家经典；亦读《申子》《韩非子》《管子》等法家著作；还有《六韬》等兵家著作，并兼及道家和史家著作。

诸葛亮读书的方法也与众不同。与其他人“务为精熟”的方法不同，“亮独观其大略”。所谓“务为精熟”是指读得很细致，背得滚瓜烂熟；所谓“观其大略”，并不是不求甚解，马马虎虎偷懒；而是把握书中的要点，选择书中的精义。诸葛亮这种“从大处着眼”的为学方法，才不是“读死书”。

为什么这么说呢？我们要认识诸葛亮这种治学方法的重要，还应知道当时一班腐儒“咬文嚼字”那种读书风气的情形。

自秦始皇焚书坑儒以后，汉室诏求遗书，以通经致用为做官的阶梯，于是一时所谓学者，都趋向于六艺的钻研，有一技之长的人，就叫作学者，西汉时最著名的经师，是董仲舒、刘向等人。但他们的学问，虽号称儒家，却杂以谶纬灾异之术，以为是“会通天人之际”，那种方士式的妄陋，成为西汉一种学风。其后，东汉的刘歆，以古文经学为世所推崇，于是郑康成那些经师大儒，又钻进牛角尖里去做训诂之学，支配了东汉二百年的为学风尚。那种训诂之学，支离破碎，往往一字训释，连篇累牍，博而寡要。从致用方面来说，东汉的儒学，较之西汉更不如，西汉的儒学，还侧重大义微言，东汉简直变成咬文嚼字的酸儒。而另一种学风气，就是辞章的靡丽。扬雄一些人的词赋，专在文字技巧上用功夫，变成宫廷式的御用文学。总之，当时东汉的学风，对于经世致用之学，越离越远，大家在故纸堆中寻求。反无人过问修身治国的真学。

回过头来看诸葛亮读书治学的方法，就和当时一般的学风不同，他能超出那种“务为精熟”的咬文嚼字的风尚，而“观其大略”，把握要义，融会贯通。这不得不说是有创造性的学习。我们看诸葛亮出山以后的治国方略，都和他少年时代为学的方法有关。诸葛亮的为学，宗于何派，未

可下判断。他为政的一切措施，并不专以儒术为宗。可见他是集各家之所长。他以管、乐自许，又曾为蜀汉后主刘禅手写申韩书，对于管商名墨诸子的学问，自必研求有得。自世宗统一儒术后，诸子之学，日就消沉，诸葛亮知道古人一家之学必自有其精要之处，他能兼研并览，务求实学，不随时俗阿好，这种为学方法，是超凡脱俗的。

除此之外，诸葛亮还是一个非常勤学专心的人，在他后来的《诫子书》中有云：“夫学欲静也，才欲学也。非学无以广才，非静无以成学。”所谓静，就是专心。如此清幽的环境，安定的氛围，给他的读书治学提供了有利的外在条件，而心静专心才是促使他博览群书，独立思考的内在原因。

三、良师益友

从公元 195 年，即兴平二年，到公元 207 年，即建安十二年，诸葛亮在隆中生活了整整十二年。在这十二年中，他并非只是孤身一人闭门苦读，实际上，他还游学于师友辈，在交流和切磋中，涵养了不少学识。据史料记载，诸葛亮除了耕读生活之外，当时还进了襄阳城有名的学堂，这个学堂的名字叫“学业堂”，是荆州官办学校，老师就是大名鼎鼎的宋忠。关于他是如何进入学堂的说法不一，有说是诸葛玄死前对刘表的托付，详细的入学资料已无史料佐证。不过，进入学堂后他语惊四座，一时声名鹊起却是有记载的。学堂的生活给他带来的不只是学识上的精进，更是借此认识和结交了一些良师益友。诸葛亮从这些良师益友中获益的不仅仅是知识的切磋，还有德行修养的熏染。

那么，他的良师益友都是哪些人呢？师长辈中，如庞德公和司马徽。诸葛亮少年所交的朋友，见之于史传的，最著名者有博陵人崔州平，颍川人徐庶、石韬，汝南人孟建，襄阳人庞统、马良等。这些朋友，都是一时的俊杰。虽然志气和后来的成就都没有诸葛亮那么大，但当时他们都是留心时务、抱有志向的人。正如司马徽（德操）所说：“儒生俗士岂识时务，识时务者在乎俊杰。”大抵当时由于训诂的学风，儒生都是不大识时务的，而诸葛亮那一些朋友，却是讲求时务的。

据《襄阳记》载：“诸葛孔明为卧龙，庞士元为凤雏，司马德操为水镜，皆庞德公语也。德公，襄阳人。孔明每至其家，独拜床下，德公初不令止。”庞德公是襄阳地区在野士人的领袖，是德高望重的名士。他多次拒绝刘表让他出来当官的邀请，认为在乱世当中确保自身与子孙安全的方法不是出仕，而是退隐。这种思想对诸葛亮产生了一定的影响。诸葛亮和他在一起，思想日益成熟，学问日益精进，久而久之，便从庞德公那里获得了“卧龙”的雅号。

司马徽字德操，颍川阳翟（今河南禹州）人，为人清高拔俗，有知人论世、鉴别人才的能力，受到世人的敬重。据《三国志》载：颍川司马徽清雅有知人鉴，统弱冠往见徽，徽采桑于树上，坐统在树下，共语自昼至夜。徽甚异之，称统当南州士之冠冕，由是渐显。在《世说新语·言语》中这个故事记载得更详细：南郡庞士元闻司马德操在颍川，故二千里候之。至，遇德操采桑，士元从车中谓曰：“吾闻丈夫处世，当带金佩紫，焉有屈洪流之量，而执丝妇之事？”德操曰：“子且下车，子适知邪径之速，不虑失道之迷。昔伯成耦耕，不慕诸侯之荣；原宪桑枢，不易有官之宅。何有坐则华屋，行则肥马，侍女数十，然后为奇。

此乃许、父所以慷慨，夷、齐所以长叹。虽有窃秦之爵，千驷之富，不足贵也!”士元曰：“仆生出边陲，寡见大义。若不一叩洪钟，伐雷鼓，则不识其音响也。”意思是说，南郡人庞统听说司马德操住在颍川，所以走了两千里路去拜访他。到了颍川，正遇上司马徽在采桑叶，庞统便在车里对司马徽说：“我听说大丈夫处世，就应该地位非常显赫，哪有压抑巨大洪流的力量，去做治丝妇女的事!”德操说：“您暂且下车。您只知道走小路快，却不担心迷路。从前伯成宁愿耕作，也不羡慕诸侯的荣耀；原宪宁愿住在以桑木为门轴的简陋屋舍里，也不愿住官邸。哪有住在豪华的房屋里，外出骑肥壮的马，左右要有十几个侍女侍候，才算是与众不同的道理呢？这正是隐士许由、巢父感慨的原因，也是清廉之士伯夷、叔齐长叹的缘由。虽然有吕不韦的爵位，齐景公的富有，也是不值得尊敬的。”庞统说：“我出生在边远偏僻的地方，很少见识到大道理。如果不叩击一下声音洪亮的钟鼓，那就不知道它的声音之响。”司马徽与庞统相互交谈，不分昼夜。谈论后，司马徽对庞统十分惊异，并称庞统是南州名士之首，

使庞统渐渐为他人所知。

司马徽客居荆州襄阳后，尊庞德公为兄长，互相来往密切。据《司马徽别传》载：人谓刘表曰："司马德操，奇士也，但未遇耳。"表后见之曰："世间人为妄语，此只小书生耳，其智而能愚者皆类。"然而，司马徽并非像刘表所说是个"小书生"，而是一个大学者。他博学多识，精通经学，在荆州时与汉末大儒宋忠齐名，是荆州地区古文经学的领袖人物。司马徽到荆州以后，和刘表的五业从事宋忠一起授经讲学。宋忠、司马徽的学问主张学以致用，与现实结合得比较紧密。司马徽治学约简、学以致用的学风，对诸葛亮是有深刻影响的。诸葛亮的读书方法"独观其大略"说明了他在读书时做了分析综合，从中抽象出最本质的东西。这种提纲挈领、化繁为简的本事，正是诸葛亮把治学约简的学风用于读书的最好说明。诸葛亮读书注重领会精神实质，正是出于思考、解决现实问题的需要，因为只有最普遍、最抽象的道理，对理解现实具体问题才有理论指导意义。诸葛亮的《论诸子》，很能体现他学以致用的现实主义风格：老子长于养性，不可以临危难。

商鞅长于理法，不可以从教化。苏、张长于驰辞，不可以结盟誓。白起长于攻取，不可以广众。子胥长于图敌，不可以谋身。尾生长于守信，不可以应变。王嘉长于遇明君，不可以事暗主。许子将长于明臧否，不可以养人物。此任长之术者也。在这里，诸葛亮对各家理论与经验的评判，完全是以其在现实生活中的作用来分其短长的。

再来看看诸葛亮的友朋辈。崔州平，名均，博陵安平人，是簪缨官宦子弟，后来的去处不明。徐庶，字元直，出身贫寒，少好任侠击剑，曾因为人报仇而被捉受辱，此后便决心弃绝刀戟，折节学问，终于“听习经业，义理精熟”，后来在荆州一见到刘备，便受到刘备的器重。庞统，字士元，是襄阳名人，史称他“雅好人流，经学思谋，于时荆、楚谓之高俊”。马良亦以才学显名乡里，是马氏兄弟五人中才学最高者。因其眉间有白毛，所以乡里有一首谚语说：“马氏五常，白眉最良。”可见诸葛亮的朋友，都是些学有所成、才华出众的青年。诸葛亮隆中隐居时，和他们经常来往，一起交流思想，切磋学问，取长补短，共同提高。后来，诸葛亮在回忆这段往事时还不无感慨地说：

"昔初交州平，屡闻得失。后交元直，勤见启诲。"

四、抱膝长吟

诸葛亮在隆中的时候，史称其"好为梁父吟"。意思是喜欢唱一种叫《梁父吟》的民歌。现在我们从他的遗文中，见有《梁父吟》一首：步出齐城门，遥望荡阴里。里中有三墓（坟），累累正相似。问是谁家墓（冢），田疆古冶子（氏）。力能排南山，文（又）能绝地纪。一朝被谗言，二桃杀三士。谁能为此谋，国相（相国）齐晏子。《梁父吟》是流传在齐鲁梁父山一带的挽歌。歌词是历史上有名的一段故事"二桃杀三士"。据《晏子春秋·谏下篇》载，公孙接、田开疆和古冶子三人，事齐景公，以勇力闻名于世。晏婴因他们三人，"上无君臣之义，下无长率之伦，内不以禁暴，外不可威敌，此危国之器也"。他劝景公设计除掉他们，景公同意了他的意见，因将二桃赠给三士，让他们计功食桃。公孙接自报有搏杀乳虎的功劳，田开疆自报曾两次力战却敌，于是各取了一桃。最后古冶子说："当年我跟随君上渡黄河，战车的骖马被大鼋鱼衔入砥柱中流，我年少又不会游水，却潜行逆流百步，顺流九里，杀死了大鼋鱼。当我左手拿着马，右手提着鼋头跳出水面的时候，岸上的人们都误认为是河伯。我可以说最有资格吃桃子，二位何不还回桃子?”公孙接、田开疆二人听后皆羞愧自刎而死。古冶子见此，凄然地说：“二友皆死，而我独生，不仁；盛夸己功，羞死二友，不义；所行不仁又不义，不死则不算勇士。”因此，他也自刎而死。当时三人功高跋扈，难以控制，晏婴便想了这个妙计使他们自杀。上面的这首，据说是诸葛亮出齐城见三坟有感而作。这首诗的用意，显然是推崇晏婴的相业和他的智略。但这首诗是否为诸葛亮所作，诸葛亮当时所好的《梁父吟》究竟如何，却不得而知。

青年时期的诸葛亮，在南阳耕种田亩，好为梁父吟。后来的人往往据他说的“苟全性命于乱世，不求闻达于诸侯”，就以为诸葛亮真是甘心隐退，不为世用。其实这只是诸葛亮当时的一种心态，他有大志，有大才，以天下为己任，哪里会长此学起隐士来？大约诸葛亮的隐居，无非是“隐居以求其志，行义以达其道”的用意。并且他当时所居住的地方，正是位在交通要冲的襄阳，是交通的中心地带，政局变幻，人物往来，消息最灵通，诸葛亮对于天下大势，无不罗列在胸，岂是一个消极隐士的作风！

大凡一个伟大的人物，在他少年时代，就必已先立定大志。立志是每一个青年人所必需的，这是一个人事业成就的起点；人生不能漫无目的地得过且过，一个人的生命在短促的时间中要不朽，只有努力去建立他的事业，或立德，或立功，或立言，一事有成，便为百世景仰，而事业的确立，必须先定志向，有了志向才能循此目的努力以求成功。志向的大小，因人而异，拯世救民，志之大者也。谋一事之成，图一技之长，志之小者也。然而无论大小，少年时期须要先立志向。诸葛亮当时虽遭逢乱世，隐于隆中，但他是立定了大志的。

《魏略》载：亮在荆州，以建安初与颍川石广元、徐元直、汝南孟公威等俱游学。三人务于精熟；而亮独观其大略。每晨夜，从容常抱膝长啸，而谓三人曰：“卿三人仕进，可至刺史、郡守也。”三人问其所志，亮但笑而不言。这段是说诸葛亮与好朋友在一起谈话，他预言其他三人的才学将来当刺史、郡守都没问题，大家问他的志向，他笑而不答。他的志向是什么呢？史书载，他常以管仲、乐毅自比。管仲、乐毅，都是王佐之才，以天下为己任，诸葛亮心拟管、乐，虽然“时人莫之许”，或者还会说他狂夸，但诸葛亮志气所在，情见乎言，他早已抱定“兴微继绝克复为己任”的大志，那自然不是当时一般人所能了解的。

还有一件事可资佐证。有一天，他的同学孟公威思念乡里，想回到北方的老家，诸葛亮对他说：“中国饶士大夫，遨游何必故乡邪？”从这些话，诸葛亮的志在天下，以天下为家的胸襟是可概见的。徐元直、石广元、孟公威的志向，较之诸葛亮显然要小得多，因此诸葛亮估量他们的前途，可以做到郡守、刺史，这就是说，他们只能做到独当一面的地方官，可以治理一郡、一邑，却不能治天下，而诸葛亮的“所志”，虽“笑而不言”，其以天下为志的胸怀可知。

值得一提的是，在隆中期间，诸葛亮解决了自己的婚姻大事，两个姐姐也婚配名家。相传，诸葛亮身长八尺，相貌俊美，可他却娶了一位“黄头黑色”的丑女为妻。据《三国志》载：黄承彦者，高爽开列，为沔南名士，谓诸葛孔明曰："闻君择妇，身有丑女，黄头黑色，而才堪配。"孔明许，即载送之。时人以为笑乐，乡里为之谚曰："莫作孔明择妇，正得阿承丑女。"这位黄承彦也是当时襄阳名士之一，诸葛亮的选择不同寻常，为时人所笑话。但这也能从侧面说明诸葛亮心存天下，以才为重，不看重个人私欲的独特之处。他的两个姐姐，大姐嫁给荆州望族蒯祺。刘表入襄阳后，诏书拜蒯越为章陵太守，封樊亭侯。蒯祺娶诸葛亮大姐为妻，官至房陵太守。二姐嫁与庞山民，庞德公之子，是庞统的堂兄。作为一家之长的诸葛亮在修身养性、读书求学的同时，也将家庭大事一一妥善处理，只有年幼的弟弟诸葛均之后一直跟在他身边。

隆中时期的诸葛亮躬耕、读书、求学、交友，看似隐居，实则立下大志，也因其才学出众而初露锋芒，"卧龙"在兹，韬光养晦，等待一飞冲天。

第二章
草庐献策兴汉室
智取荆益谋天下

公元 207 年，诸葛亮结束了长达十二年躬耕隆中的隐居生活，正式出山，这是因为他遇到了一个人，这个人叫刘备。这是一个感人的知遇故事，即人们耳熟能详的“三顾草庐”。这一年，诸葛亮年仅二十七岁，而刘备整整比他大了二十岁。

辅刘兴汉

这次历史性的知遇发生于一个偶然的契机——刘备被迫走荆州。公元 201 年，即汉建安六年，曹操击刘备，刘备奔刘表。刘表使其屯新野。

一、“常败将军”

刘备并非访卧龙的第一人。诸葛亮在隆中学有声名，不同凡响，荆州长官刘表曾几次邀其出山辅佐，都被诸葛亮婉言拒绝了。他的理由就是“苟全性命于乱世，不求闻达于诸侯”，看起来他似乎很满足于所谓的隐居生活。为何刘备这一访，他就决意出山呢？这就需要从“刘备何许人也”说起。

刘备，字玄德，幽州涿郡涿县（今河北省涿州市）人，西汉中山靖王刘胜的后代。他虽是汉室宗亲后裔，家道却早在祖辈时便已凋敝。生长边荒，幼小失怙，与母亲相依为命。刘备少年与公孙瓒拜卢植为师求学，而后参与镇压黄巾起义。自公元 183 年，即中平元年黄巾扫荡九州，刘备于涿郡起义兵，数年间身经百战，大小战功不可胜计。可朝廷论功班爵，只封了一个小小的安喜县尉，俸禄四百石，而那些坐待他人殊死征战的贵胄子弟，依靠着家族荫庇，以及和朝廷权贵的苞苴交易，虚以功劳上告朝廷，横夺了立功将士的功禄名额，得封高官显位，寒了多少起于微末而建功甚高的平叛将士的心。刘备心灰意冷地去安喜县任职，方才居官两年，州郡被下诏书，称道以军功得拜地方官吏者，若有武略而无文治，当沙汰之，贤者留任，拙者罢黜。诏书下至安喜，刘备心中不安，恰好北部督邮巡行安喜，督察属吏，以定擢黜，有晓事的官属备了厚礼相赠，方才得以保住官帽，刘备无钱送贿赂，便被列在了第一批罢黜名单里。刘备想到自己起兵平叛，九死一生，朝廷恩赏悭吝，才封了个末流小官，居官短暂，也未尝干犯官典。如今却连这微薄俸职也保不住，实在忍无可忍，一怒之下冲入传舍，将那督邮拽出房舍，来回抽了上百鞭，吓得一舍之人噤噤不敢动弹。既惹了祸事，刘备也无心留恋仕途，索性挂印弃官，亡命奔逃，将这官位功名丢了干净。

从此之后，四处奔走，无所归依，与关羽、张飞先后救援过北海孔融、徐州陶谦等。陶谦病亡后将徐州让与刘备。但终又为曹操所夺。刘备颠沛流离，投靠过多个诸侯，其中就包括他的同学好友公孙瓒。公孙瓒和刘备是同门师兄弟，两人当初同拜于卢植门下，同食同案同寝，好得像一个人。当时年少轻狂，各自壮怀激烈，相邀异日同创大业，共登云台！可数年过往，世事翻转无常，相比刘备的落魄，公孙瓒却是一派风光锦绣，他在幽州横行疆场，早已经封侯拜将，边地人提起他，不称名而呼之“白马将军”，这响当当的名号让北方的乌丸人鲜卑人闻之色变。刘备则从涿郡到洛阳，从洛阳到陈留，从陈留到幽州，从幽州到平原，从平原到徐州，从下邳到许都，从许都到冀州，官渡之战的硝烟还未散去，刘备就踏上了从冀州前往荆州的道路。他似乎总在辗转奔走，而时以“常败将军”自嘲。

相较于当时角逐中原的真正的大势力而言，刘备微不足道。在北方，当时曹操和袁绍正在进行激烈对抗。袁绍以讨董卓起家，在关东群雄联合讨董时，袁绍被推为盟主。名为盟主，实际上只占渤海一郡，实力并不雄厚。他先用软硬兼施的手段，逼迫冀州刺史韩馥让出冀州，又用武力打败公孙瓒取得幽州，与此同时又派长子袁谭占据青州，任外甥高干为并州刺史。这样，到官渡之战前夕，袁绍已占据了青、冀、幽、并四州。曹操一开始也参加了讨董联盟，后来，曹操被任命为东郡太守，郡城设在东武阳（今山东莘县东南）。青州黄巾进入兖州，杀死刺史刘岱，济北相鲍信等人迎接曹操任兖州刺史。曹操据有兖州，又打败并收编了青州黄巾，势力开始壮大。公元195年，即汉献帝兴平二年，杨奉、董承、韩暹等人迎献帝东归，经过艰苦跋涉，到达河东（今山西夏县西北）。袁绍的谋士沮授建议把献帝接到邺县（今河北临漳西南），但缺乏政治远见的袁绍没有接受这个建议。这无疑给曹操留下了机会。当时曹操正在许县（今河南许昌东），他听从谋士荀彧的主张，立即派人把汉献帝迎到许县。从此，曹操不但尽有豫州之地，而且还占有“挟天子以令诸侯”的政治优势。公元198年，即建安三年，曹操又击杀占领徐州的吕布，从此，徐州也归曹操所有。曹操据有兖、豫、徐三州。这两个当时最大的势力于汉献帝建安五年在官渡（今河南中牟东北）进行决战。出人意料的是，处于劣势的曹操战胜了处于优势的袁绍。官渡之战的胜利，奠定了曹操统一北方的基础。继而曹操开始在北方扫除袁绍剩余势力，并企图向南扩张。

刘备势单力薄，在曹袁对抗中，依附袁绍，为曹操所追击，这才奔走荆州。荆州刘表内纳刘备，令其屯兵新野。新野城是座小城，在南阳郡治宛城以南，位于南襄盆地腹心，地势一马平川，疆域内淯水、白河、赵河、唐河交错并流，为农田灌溉提供了丰沛的资源，故而南阳一带粮产丰富，历来被称为中州粮仓。倘若以南阳为中心，北入黄河，西进秦川，南下江南，东迈淮颍，可谓是定一足而望四方，汉光武当年兴兵起事，便发起于南阳，可以说，南阳是东汉复兴的根据地。但刘表对他并不委以重任，兵不加一员，财不增一钱，实际拿他当北面抗曹的前线炮灰。他继续过着寄人檐下的生活，甚至还不如清客，忍受着主人时时刻刻的猜忌，也不知哪一天哪一时会被主人撵出家门。

二、草庐献策

在刘备几乎看不到希望的时候，幸而得遇司马徽和徐庶。刘备甚是敬重，有招贤纳才之意。前者隐居山野，不愿出山。后者愿追随左右。有趣的是，这二人先后同荐一人于他，那就是“卧龙”——诸葛亮。史书记载，司马徽语于刘备曰：卧龙，凤雏，得一人者得天下。被称为“水镜先生”的司马徽向刘备推荐的是荆州地才学卓绝的两大人才。“凤雏”指庞统庞士元，才高八斗，胸有大志。后来也投奔刘备麾下。徐庶是诸葛亮的知己，两人有管鲍之谊，当诸葛亮在隆中自比管仲、乐毅时，时人都讪笑他，徐庶却能明白他胸有鸿鹄之志，并终将大放异彩。因此，得遇刘备之后，徐庶便向刘备推荐比自己才能卓越的诸葛亮：“我的朋友诸葛孔明才是了不起的人才，你愿意见见他吗?”刘备说：“请你带他一起来罢。”徐庶道：“这却不行，此人只可去见他，却不能叫他来，你应该亲自去访问他。”“燕昭王筑台延师而得乐毅，”刘备轻轻地说，他缓缓地转过身，目光里有种沉稳的力量，“刘玄德为得‘卧龙’，亲往又何妨!”于是便亲往隆中山，一连拜访三次，诸葛亮才和他相见。这便是著名的“三顾草庐”的故事。

这一访，同时改变了刘备和诸葛亮两个人的命运，也改变了当时时代的历史走向。且看第三顾时两人历史性的对话，一谈而天下三分，刘备雄霸天下之志得伸，卧龙王佐之才得用。

刘备虽比诸葛亮年长，但仍很谦虚客气地向诸葛亮请教：“汉室倾颓，奸臣窃命，主上蒙尘。

孤不度德量力，欲信大义于天下，而智太短浅，遂用猖獗，至于今日。然志犹未已，君谓计将安出?”

意思是说，汉室倾颓，奸臣窃命，皇上正在受难之中，我个人不度德量力，想伸张正义于天下，但智术不够，因此他们直至今天还是一样横行无忌，但我并不灰心，仍然要干，你以为怎样才是良计?

诸葛亮胸有成竹，徐徐道来：“自董卓以来，豪杰并起，跨州连郡者不可胜数。曹操比于袁绍，则名微而众寡，然操遂能克绍，以弱为强者，非惟天时，抑亦人谋也。今操已拥百万之众，挟天子而令诸侯，此诚不可与争锋。孙权据有江东，已历三世，国险而民附，贤能为之用，此可以为援而不可图也。荆州北据汉、沔，利尽南海，东连吴会，西通巴、蜀，此用武之国，而其主不能守，此殆天所以资将军，将军岂有意乎? 益州险塞，沃野千里，天府之土，高祖因之以成帝业。刘璋暗弱，张鲁在北，民殷国富而不知存恤，智能之士思得明君。将军既帝室之胄，信义着于四海，总揽英雄，思贤如渴，若跨有荆、益，保其岩阻，西和诸戎，南抚夷越，外结好孙权，内修政理；天下有变，则命一上将将荆州之军以向宛、洛，将军身率益州之众出于秦川，百姓孰敢不箪食壶浆以迎将军者乎？诚如是，则霸业可成，汉室可兴矣。”

意思是说，自从董卓叛乱以来，豪杰并起，占地称雄的难以计数。曹操和袁绍比较，曹操的名望和力量都显然不如袁绍，但曹操居然能够制胜袁绍，以弱为强，其中的道理不只是靠天走运，还是在人谋。现在曹操拥有百万兵力，挟天子以令诸侯，这时占了上风，自然不能和他争斗。孙权呢，据有长江以东之地，经历三代，有险可守，并且得民众拥护，贤能的人也为之效力，这时只能引为助力，却不能向它图谋。在现在的形势下，必须先取得建立力量的基地，才能有所开展。荆州一地，北有汉、沔两水，当南北要冲，可尽收南海之利；东面连接吴郡、会稽，西面通达巴、蜀两郡，这真是一个建立力量的好地方，而那里的主人刘表不能守，正是天意留给你刘将军的，将军有没有这种意图呢？益州一地形势险要，周围千里都是肥沃的土地，是物产丰饶之区，汉高祖凭借它成就了帝业。现在刘璋懦弱无能，张鲁占据了北面的汉中。以这样民殷国富的环境而不知建国爱民，那里有才干智能的人都想得一位英明的君主。刘将军既是汉室的后裔，信义为天下人所知，延揽英雄，求贤如渴，倘若跨有荆州和益州两地，在险要的地方设防守备，西和诸戎，南抚夷越，外交上结好江东的孙权，内政上做贤明的措施。时局有变，便命一上将，率领荆州的部队开向宛洛，刘将军可亲率益州的部队直出秦川，那时老百姓哪有不箪食壶浆来欢迎刘将军的呢？真能够这样，便霸业可成，汉朝也可以复兴了。

刘备闻言豁然开朗，连声叫“好”。与诸葛亮一席话，刘备真有一语惊醒梦中人之感。“隆中对”提出的战略方案不仅可让刘备拥有自己的根据地，还规划了将来出击中原，匡复汉室的具体路线，这让频频失望于现实的刘备看到了雄霸天下的曙光。

那么，对于诸葛亮而言，他为何会选择看似势单力薄的刘备呢？

三、慧眼独具

我们已经知道诸葛亮的“苟全性命于乱世，

不求闻达于诸侯”并非真隐，因为他常自比管仲、乐毅，管仲襄助齐桓公，九合诸侯，一匡天下，擘画国策，成就齐国不世霸业！然而，令他感慨的是，吾若效管仲，奈桓公何在？所谓隐居隆中，实则等待明主。他常常吟唱的《梁父吟》中的主角“晏子”，诸葛亮十分欣赏。晏子为国相，妾无衣帛，马无食粟，内则轻徭役、行礼秩、省刑法，外则正邦交、护国体，太史公曾言：“假令晏子而在，余虽为之执鞭，所祈慕焉。”令他感叹的是，晏子身历三朝，灵公、庄公、景公，灵公喜好女扮男装，大变齐国女子着衣风气；庄公则奋乎勇力，不顾于行义，终致崔杼弑君，齐国祸乱骤生；至景公践祚，虽倚重晏子，然景公奢淫无度，沉湎酒色，竟自七日不上朝，奈晏子纵有经纶天下之才，可叹上位不尊，如何能使齐国重兴桓公霸业！灵公、庄公、景公不正其位，有负晏子才略，晏子若能得一贤明君主，齐国何愁不霸！可见，对明主的选择至关重要。

刘表，这个将荆州变为安定富庶之地的荆州牧，在诸葛亮的眼中并非明主之选，因他虽有功绩，但数年坐拥大州，好谋无决，不思进取，袁曹相持官渡时，他坐看两方恶战，安卧而以为可乘其弊，诚为庸识。曹操一朝扫定北方，其势雄张，天下孰能撄其锋？刘表区区，何能抵挡曹操乘胜之军！

刘备可堪托付的明主之资在于什么呢？一则为汉室宗亲，血脉正统；虽然身处乱世，匡复汉祚，讨伐逆贼实为正义之师，师出有名。二则畅行仁义，名布于天下，能得民心归依；据载，刘备待民忠厚，每与操相反。曹操暴虐，刘备仁义。能得民众爱戴，得民心者得天下。三则数年间虽历经挫跌，仍百折不挠，胸中自有大气度！这一点，诸葛亮可谓慧眼独具。“听闻此人曾以征讨黄巾起兵，数年来颠沛无依，先后投靠过公孙瓒、陶谦、曹操、袁绍，如今又南倚荆州，可知他过得甚不如意。然此人竟百折不回，与曹操一战徐州，再战徐州，三战冀州，四战荆州，曹操之势愈强，他之势愈弱，然其擐甲执兵，与强者一争高低之雄心却不改分毫。虽屡战屡败而屡败屡战，倘或换作他人，或已埋首林泉，释甲兵而归田园，散戈戟而藏山野，他却不屈不挠，那一番千锤百炼之韧，矢志不渝之坚，让人钦佩！”诸葛亮从刘备身上看出的是百折不挠的雄主气度。综上可见，诸葛亮是要择主于幽微，造时势，行人谋，匡扶汉室！

“隆中对”不仅展现了诸葛亮非凡的战略眼光，更具对当时政治形势的成熟分析，这表明：三顾并非一厢情愿，实乃两情相悦耳。理解了这一层，才能明白刘备为何自此和诸葛亮意投志合，感情日笃。追随他的两位义兄弟关羽、张飞，见到刘备这般器重他，很不高兴。刘备对他们解释：“我有孔明，犹鱼之得水，你们以后勿再多言。”关羽和张飞也就罢了。

自此，二十七岁的诸葛亮毅然开始踏上了辅刘兴汉的漫漫长路，这条路崎岖坎坷，他却从不回头，亦不改道，为此，他付出了生命中的后二十七年，至死不悔。

谋夺荆州

公元 208 年，即汉建安十三年，诸葛亮献计刘备说：“曹军既已到宛城，必定一二日则克下新野，新野一破，樊城无有屏障，而刘琮欲举州归附，樊城便成孤城，不如弃城而归江陵，江陵险塞，可为盘踞！”这是劝刘备不战而逃。诸葛亮随刘备出山后，按其隆中对策，就是要先取荆州。然而，荆州已然成为几方势力争夺的中心。孙权出兵江夏，杀黄祖，刘表死，刘琮听闻曹操来攻，先自慌了，遣使请降。尤其是曹军压境，连孙吴都暂缓攻势，屯兵静观其变。以刘备现有的势力和人马，自然不能与之硬战。这一年时局突变，恐怕连诸葛亮自己也没想到他出山后给刘备出的“谋夺荆州”的第一个主意竟是“跑”！

一、孙权复仇

他们之所以陷入如此被动的局面，还得从孙权说起。孙权，字仲谋，吴郡富春（今浙江富阳人），生于下邳（今江苏徐州市邳州）。父亲孙坚和兄长孙策，在东汉末年群雄割据中打下了江东基业。建安八年，孙权出兵，大破黄祖水军，但还没有攻破夏口（今湖北武汉）城，因后方山越反叛，孙权只好回军。建安十二年，孙权再次西击黄祖，“虏其人民而还”。公元 208 年，即汉建安十三年，孙权出兵，第三次西伐荆州夏口守将黄祖。对于孙吴的进攻，黄祖做了比较充分的准备。他在沔口设下两只艨艟大舰，用两条粗大的棕榈绳各系一块巨石沉入江底。把两条大舰牢牢固定住。每条大船上放置千名弓弩手，乱箭齐发，飞矢如雨，犹如两扇紧闭的大门，使吴军不能通过沔口。吴军前锋大将董袭和凌统，各领百名敢死队员，每人身穿两层铠甲，乘大舸船冲进去，逼近艨艟大舰，董袭挥刀接连砍断两条棕榈绳。两条艨艟大舰失去了根基，如大门离开枢轴，失去了防卫功能，吴水军一下涌进来。黄祖忙令都督陈就率水军迎战，吴平北将军吕蒙一马当先，斩杀陈就。黄祖见大势已去，开门逃走，被骑士冯则赶上，一刀杀死。这一仗，孙权大获全胜，不但杀死了黄祖，还“虏其男女数万口”。

为什么孙权要一而再再而三地攻伐江夏黄祖呢？江东与江夏黄祖有世代宿仇，孙权的父亲孙坚就死在黄祖手里，即公元 191 年，袁术派孙坚攻打荆州，刘表派黄祖迎击，最终将孙坚袭杀。江东数次征讨江夏，誓要斩下黄祖头颅，复仇之心昭然若揭。攻伐黄祖还有另一个原因，那就是向荆州拓展势力。孙权的哥哥孙策在世时就已有所行动，孙策死后，孙权继位掌管江东，张昭、周瑜等人认为孙权是可成大事之人，委心而服事之。孙权待张昭以师傅之礼，又命周瑜、程普、吕范等人为将帅，“招延俊秀，聘求名士，鲁肃、诸葛瑾等始为宾客”。鲁肃初见孙权，即建议他“剿除黄祖，进伐刘表，竟长江所极，据而有之，然后建号帝王以图天下”。就是建议孙权拿下荆州，因为“夫荆楚与国邻接，水流顺北，外带江汉，内阻山陵，有金城之固，沃野万里，士民殷富，若据而有之，此帝王之资也”。孙权若得荆州，便可依长江天险，立足于江东，抗衡曹操，进而谋取天下。

觊觎荆州的又何止孙权一个，荆州乃兵家必争之地。曹操的谋士荀彧就曾对曹操说：“愿公急引兵先定河北，然后修复旧京，南临荆州，责贡之不入，则天下咸知公意，人人自安，天下大定，乃议古制，此社稷长久之利也。”曹操若得荆州，便可雄踞江东上流，乘长江而下，吞灭孙吴，一统天下。早在建安八年八月，曹操即南征荆州，屯军于西平（今河南西平西）。曹操此举，亦虚亦实。虚者，正如郭嘉所说，“南向荆州若征刘表者”，减轻对袁谭、袁尚的压力，让二人矛盾重新激化。但是，曹操兵指荆州，并非完全做做样子，如果二袁没有变化，或者遇到机会，征伐荆州很可能变成实际行动，因为占领荆州也是曹操的战略方针之一。事实上，曹军到西平以后，恰逢袁氏兄弟纷争又起，袁谭派辛毗向曹操求救。当时“群下多以为刘表强，宜先平之，谭尚不足忧也”，但谋士荀攸劝道：“天下方有事，而刘表坐保江、汉之间，其无四方志可知矣。袁氏据四州之地，带甲十万，绍以宽厚得众，借使二子和睦以守其成业，则天下之难未息也。今兄弟构恶，此势不两全。若有所并则力专，力专则难图也。及其乱而取之，天下定矣，此时不可失也。”曹操本已答应先平河北，“后数日，更欲先平荆州，使谭、尚自相敝”。郭嘉劝阻，辛毗也力劝曹操先行攻打袁氏兄弟。在众人的劝说下，曹操才最后决定暂时放下荆州，北上攻打袁尚。曹操率军北上时，说了这样一段耐人寻味的话：“我攻吕布，表（指刘表）不为寇，官渡之役，不救袁绍，此自守之贼也，宜为后图。”十月，曹操撤回攻荆州之兵，专力攻打袁尚。从建安九年二月至八月，曹袁两军在邺县一带长期激战，最后曹军攻下邺县，袁尚败走。建安十年，曹操又攻灭袁谭，将其斩杀，平定了冀州。袁尚、袁熙二人受到手下叛将的攻击，向北逃靠乌丸。建安十一年正月，曹操又出兵攻打并州高干，高干求救于匈奴不成，欲南奔荆州，途中被上洛（治今陕西商县）都尉王琰捕杀。在短短三年时间里，袁绍原来所据的青、冀、幽、并四州，均被曹操所平定。袁尚、袁熙跑入乌丸地区，建安十二年五月，曹操北征乌丸，八月，在白狼山大破乌丸，斩杀乌丸首领蹋顿，降服乌丸部众及汉人二十多万。袁尚、袁熙率几千残兵逃往辽东郡。在曹操从柳城凯旋后，公孙康即杀了袁尚、袁熙及其他乌丸首领，并派人将首级送给曹操。袁氏残余消灭了，乌丸威胁解除了，按照先北后南的方针，曹操应该先平定关中，然后以统一北方后强大的人力物力征服江南。然而，孙吴已经开始对荆州有所行动，因此公元 208 年，即汉建安十三年七月，曹操放弃了先征服关中的打算，匆匆挥师南下。

二、乱起荆州

荆州已不再平静。江夏黄祖的覆败震惊了整个荆州，荆州牧刘表接到败军消息，一口血喷在战报上，从此一病不起。随着刘表的病越来越重，荆州各种矛盾也越来越尖锐。刘表病重，谁来承继荆州大业，在长子刘琦和次子刘琮之间展开了较量。刘琮所娶之妻，是刘表后妻蔡氏的侄女。蔡氏连同其弟蔡瑁主张立幼。双方的力量并不均衡，史书记载有一个跟诸葛亮有关的小故事，可以从侧面反映出在这场较量中刘琮支持力量的强大。

刘琦日益被刘表疏远，心内非常不安，便找诸葛亮请求自安之术。开始，诸葛亮只是搪塞应付，并未认真给他出主意。此时诸葛亮已跟随刘备，他认为，刘琦之事若处理不好，不但害了刘琦，而且会使客居荆州的刘备受到影响。刘琦见诸葛亮迟迟不为自己出主意，心中暗暗着急。有一天，刘琦又邀请诸葛亮到他家去做客。刘琦把诸葛亮带到后园，此地非常僻静，除了看园的家丁绝无他人。在后园内，有一座小阁楼，二层楼上，刘琦早已摆好了一桌宴席。二人来到楼上，边饮边谈。突然，阁楼的梯子被刘琦的下人搬走，楼上只剩下刘琦、诸葛亮二人。诸葛亮忙问为何，刘琦说："是我让他们这样做的。现在我们上不着天，下不至地，旁无他人，言出您口，入于我耳，总该说说您的主意了吧?”诸葛亮微微一笑，说：“主意倒是有，不过你先得听我讲一个故事。”刘琦忙说：“只要有好主意，听听故事又何妨?我洗耳恭听便是。”诸葛亮不慌不忙，讲起了春秋时发生在晋国的一段历史故事：

晋献公攻打骊戎时，娶了一个名叫骊姬的女人。在此之前，晋献公已经有了几个儿子：太子申生，公子重耳、夷吾。后来骊姬也生了个儿子，名叫奚齐。骊姬为了让奚齐能被立为太子继承王位，便阴谋设计陷害申生和其他几位公子。有一天，骊姬对申生说：“你的父亲梦到你的生母齐姜了，你得赶快祭祀她。”申生很孝顺，便回到自己的封地祭祀母亲。祭祀完毕，申生又把祭祀用的酒肉拿回来献给父王。此时，晋献公外出打猎未归，骊姬便把酒肉收下，代为送达。申生走后，骊姬却往酒里肉里渗了毒药。晋献公回来后，骊姬假意献酒，故意让酒洒在地上，剧毒落在地上，立刻起了反应。骊姬假惺惺地说：“酒里有毒，肉里也一定有问题。”便让狗吃了一块肉，狗当场毙命。晋献公勃然大怒，下令逮捕太子申生。骊姬又添油加醋，说其他公子也参与了此阴谋。晋献公下令把重耳、夷吾也一起逮捕。有人劝申生向晋献公揭穿骊姬，或者逃出晋国，都被申生拒绝。最后申生自杀，而重耳等人跑到国外，过起了流亡生活。

故事讲到这里，诸葛亮突然问刘琦："你知道为什么申生死了，而重耳却活下来了？"刘琦没有回答，他想听听诸葛亮的高见。诸葛亮见刘琦不答，便说道："君不见申生在内而危，重耳在外而安乎？"刘琦恍然大悟，诸葛亮明为讲故事，实则是在给自己出主意。他这才下定决心离开襄阳。送走诸葛亮，刘琦来到父亲刘表处，要求外出任职。正巧黄祖刚死不久，刘表便让刘琦担任江夏太守。

诸葛亮为刘琦出此计策，一方面是解刘琦之危，另一方面也是为了刘备着想。他很清楚，在刘表旗下，主张投降曹操的人不在少数。刘表病重，万一荆州有变，刘琦的江夏郡还可以作为一块刘备立足的根据地。后来事情的发展果如他所料，诸葛亮真可谓深谋远虑！

与立长立幼矛盾相关的是在对待曹操的态度上，刘表阵营中也矛盾不断。刘表是不主张降曹的。他苦心经营荆州十九年，把它变成了地方数千里，带甲十余万的小王国，可以说，这是他一生的心血，一生的成就。他怎能轻易拱手让人！然而，在刘表政权内，主张降曹的人为数很多，而且他们中许多人都是举足轻重的人物。刘表病重，刘琦听说后，立即从江夏赶回来探视。蔡氏、蔡瑁、张允等人知道刘琦性慈孝，害怕他们父子相见后感动刘表，使刘表把后事托给他，便定计阻挠刘琦与其父见面。蔡瑁、张允在门外拦住刘琦对他说：“将军命你在江夏守住荆州东门，这是非常重要的任务。而你现在擅自离开重地回来，将军知道必怒责于你。惹父亲不高兴而加重他的疾病，恐怕不是孝敬的行为吧。”刘琦无奈，只好流着泪返回江夏。这件事表明，荆州政权内的降曹派已牢牢地控制了政局。

三、撤逃江陵

客居荆州的刘备能否趁刘表病危之际取而代之呢？据载，刘表病重，曾把刘备叫到病榻边说：“我儿不才，而诸将零落，我死之后，卿便摄荆州。”刘备仁义，自然没有答应乘人之危接管荆州。实际上，刘表这番话并非他的本意。试想，他那么喜欢刘琮，不惜舍长立幼，又怎能甘心让一个外来者取代爱子呢？刘表的本意一是试探一下刘备有没有夺取荆州的野心，二是拉拢一下刘备的感情，让他好生辅佐自己的儿子。刘备寓居荆州，是准备干一番事业的。他要兴复汉室，建立霸业，绝不会投降曹操。在不投降曹操这点上，刘表与刘备是一致的，他把刘备安置在新野，就是想利用他的力量抗击曹操。为了抗曹，刘表不得不允许刘备在不影响荆州本土利益的情况下扩大自己的实力。

据记载，诸葛亮曾劝刘备，在取得刘表的赞同下，可召集荆州的游民以扩充部众。刘备在荆州扩军，第一打着抗曹御敌的旗号，第二他不是征发荆州在籍人户，而是招募不著户籍的游民，没有直接侵害刘表的利益，从而使刘表无任何理由阻止刘备的扩军行动。诸葛亮不但帮刘备解决兵源问题，还帮他筹措军需。刘备初屯樊城时，有众不过数千，但当曹军攻下荆州，刘备从樊城撤离时，仅关羽所统的水军就有“精甲万人”。刘备撤离路过襄阳时，诸葛亮曾劝刘备攻占襄阳，若刘备还是仅有几千兵众，是没有这种实力的。

看来，刘备在樊城期间，军事实力确实是大大增强了。刘表对这个客居的同姓人是很不放心的，特别是当他看到荆州人士很多人都依附刘备时，对刘备的戒心就更大了。他把刘备从新野调到樊城，就是把他放到自己的眼皮底下，以便于监督和控制。

刘表阵营中的降曹派早就视刘备为肉中钉，眼中刺，恨不得除之而后快。据载有这么一个故事：刘备在樊城时，曾出席刘表举行的宴会。而刘表手下的蒯越、蔡瑁二人打算乘宴会杀掉刘备。刘备察觉后，假称去厕所，借机溜走。刘备所骑之马名曰“的卢”，由于走得匆忙，连人带马掉到襄阳城西的檀溪中，情况十分危险。刘备急了，喊着他的马说：“的卢，今天的安危全靠你的努力了。”说完猛一夹马肚子。那马似乎听懂了主人的话，猛地一跃，蹿出三丈，带主人脱离险境。可见，刘备其时在荆州的处境并不利于他顺势接手荆州。曹军压境，刘表去世，继位者刘琮投降曹操，刘备羽翼尚单，只能选择诸葛亮之策：撤逃为上。

刘备一行弃樊城走江陵，不料四邻的老百姓

听说曹操来了，又听闻刘备撤出了樊城，惊惶之下百无主张，也不知是谁起了个头，打起包袱，背负老母幼子奔去跟随刘备。于是，一传十，十传百，樊城附近的老百姓都知道了，仿佛是热病传染，全都弃家跑去寻刘备，一时樊城周边走得十室九空。起初只有一二千百姓跟随同行，刘备一行所率兵卒尚能保全，可越往后走，四面八方千里归附的老百姓越来越多，人数竟远远超过了军队。不到一万的士兵居然要保护五倍于己的父老，手无缚鸡之力的衰弱百姓不仅分解了军队的战斗力，还拖慢了整个队伍的行进速度。眼见以此缓慢速度赶往江陵必是凶多吉少，便有人建议刘备，莫若弃百姓而独行，可刘备哪肯答应？他本性仁慈，又见百姓翘首巴望他的保护，心里好不恻然，便说道纵是身死家灭，也绝不弃百姓而独活。

刘备带领着队伍向南走，徐庶和诸葛亮也一起同行，不久便被曹操追击，打了败仗，徐庶的母亲被活捉。徐庶得到消息后因向刘备辞行："本想和将军共图王霸之业，怎奈如今老母被俘，方寸已乱，无益于事，请从此别。"便去了曹营。据传说，徐庶到达曹营后，见到母亲，母亲愤而自决，徐庶从此在曹营便默默无闻，直到后来病故，也未得到重用。因此，有俗谚云：“徐庶进曹营，一言不发。”而关于随后爆发的赤壁之战，有一种记载称，在战前徐庶已看出了锁船之计将败于火攻，但并未进言曹操。如此看来，虽因母与好友诸葛亮分道扬镳，投身曹营，可徐庶之心并未以曹操为明主，以无为来做无声的抵抗。现在想来，这位年少时任侠，后来博学的才子没能才尽所用，令人十分遗憾。这次败逃，上至刘备，下到老百姓都付出了沉重的代价。刘备的妻儿险些命丧，就连刘备、诸葛亮等亦命悬一线。幸而赵云、关羽、张飞及时力挽狂澜，这才逃出了曹军的追杀，十分狼狈。刘备逃到夏口（今汉口），正灰心丧气之际，来了一个人，他就是孙权的使者鲁肃。

鲁肃见面便说：“肃本奉我家主公之命，听闻刘镇南亡故，往荆州祭吊二位公子，不料曹军忽然南下，中道仓促无归，故而转道来寻将军。而今肃有一语斗胆相问，荆州而今已俯首曹操，将军意欲何为?”

原来孙权亲率大军驻扎在柴桑（今江西九江

西南），密切地关注着形势的发展。十几万曹操大军南下荆州，孙权不得不考虑重新调整一下战略部署。在这种形势下，荆州疲于应付南下的曹军，自然无力东顾，若攻之易如反掌。然而攻入荆州后，必然和南下的曹军相会，双方必定为争夺荆州进行正面决战，荆州将转化为曹、孙角逐的战场。显然，这对孙吴是十分不利的。鲁肃听闻刘表一死，便进言孙权："刘表一死，对我们阻止曹军南下倒是个机会。"他的算盘是这样打的：刘表刚刚去世，他的两个儿子一向不和睦，军中诸将有的亲近刘琦，有的依附刘琮。在荆州寓居的刘备，是天下闻名的枭雄人物，因为与曹操有仇，所以寄身刘表篱下，刘表对他心有疑惧而不敢用。刘表一死，如果刘备能与刘氏兄弟齐心协力，致使荆州上下和睦，那么其力量不可小看，我们就应该对他们采取安抚策略，与他们结为盟好；如果他们之间离心离德，我们就应该另外打主意谋取荆州，以成大事。因此自荐为使者前往荆州交涉，然而现实的变化已不是他所想象的那样。曹操大军南下，刘琮举州投降，荆州八郡，大部分归曹操所有；十几万军队，多归曹操麾下。原来的计划看来是不可行了，因而鲁肃转而向刘备举起联盟之旗。

四、赴吴联盟

对于孙权而言，这个在当阳大败，兵力孱弱的盟军是没有多大吸引力的。对抗曹操大军，这样的盟友又能发挥多大的作用呢？而且在孙吴方面，以老臣张昭为代表主张降曹的不在少数。早在公元 202 年，即建安七年，曹操给孙权下书，要求孙权送儿子到许昌为质，以控制东吴。孙权与臣下商议，张昭、秦松等人就心怀犹豫。如今，面对雄踞上游的二十余万曹兵，张昭等又主张迎降。孙权举棋不定。如此危急存亡又艰难的时刻，诸葛亮主动请缨，亲赴孙吴与其结盟。诸葛亮出现的时候，正是孙权与群臣就曹操所下的战书商议不决之时。那战书霸气外露：“近者奉辞伐罪，旌麾南指，刘琮束手，今治水军八十万众，方与将军会猎于吴。”显然，曹操要与东吴正面作战，一决雌雄，并傲气十足。

见到这位年龄与自己差不多，却已经霸业有成的主公，诸葛亮不慌不忙地说：“海内大乱，天下分崩，诸侯纷争扰攘，曹操于数年之间败张绣、平吕布、定袁术、荡袁绍，挟天子以令诸侯，克定北方，其势横霸天下，无人能撄其锋，可谓雄张一时也！”这一开口令孙权愕然，这分明是在长曹操之威风，如何能令人同意结盟抗曹？

接下来，诸葛亮更说出了一番让人吃惊的话：“将军起兵江东，我主收众汉南，与曹操共争天下也。然今曹操芟夷大难，略已平矣，兼之破袭荆州，威震四海，英雄无用武之地，故我主败退当阳，遁逃夏口。”他竟毫不避讳自己主公的大败，立场竟像是要劝降。

继而又言：“故而亮以为，愿将军量力而处之，若能以吴越之众与中国抗衡，不如早与之绝；若不能，何不按兵束甲，北面而事之！今将军外托服从之名而内怀犹豫之计，事急而不断，祸至无日矣！”这意思很明显，即孙权你要是害怕，干脆降了算了。至此，诸葛亮一语也未涉及结盟之事，对己方力量可能发挥的作用更是绝口不提，这分明是一种迂回的策略。

孙权盯着诸葛亮看了半晌，咬着牙笑了一声：“苟如先生之言，刘将军何不事从曹操？”亮答道：“从前田横，不过是齐国的一个义士，还且守义不屈，何况刘豫州是王室后裔，英才盖世，众人归心。大事如果不能成功，也只能说这是天意罢了，怎能够向曹操低首下心？”这时，我们才看出，原来诸葛亮用的是激将法。连被曹军大败的刘备都宁死不降，坐拥十几万大军的孙权岂能不战而降？

果然，骄傲的孙权应声道：“吾不能举全吴之地，十万之众，受制于人，吾何以生于天地！”诸葛亮已争取到孙权的抗曹立场，顺水推舟：“孙将军果为英武之主，有此不屈雄心，曹操何足惧！”

但孙权雄心虽有，顾虑仍在，“吾心虽决，欲与刘将军同盟抗曹，然刘将军新遭当阳之败，安能抗此难乎？”意思很明白，刘备以现有的实力如何让我有信心与其联盟抗曹呢？这就进入到战略战术的疑问了，诸葛亮徐徐道：“豫州虽兵败长坂（今湖北当阳市东北），但战士退集下来，和关羽的一支水军，也有精兵万人。刘琦在江夏的武力，也不下万人。曹操部队远行疲乏，听说因为追击豫州，一日一夜行三百余里，这真叫作强弩之末，势不能穿鲁缟。兵法上忌此一着，所以说：‘必蹶一上将。’何况北方人不习水战，荆州人附从曹操的，不过为势所逼，并非心服；现在孙将军果能命猛将统兵数万和刘豫州协力合作，必能打败曹操，操兵败只好北还，这样，便荆吴的势盛，鼎足之形成，胜败之机，就在今天了。”孙权这才下定决心：“我欲与刘将军结盟，共抗曹操!”孙权立刻派了周瑜、程普、鲁肃等，率领水师三万，随同诸葛亮去见刘备，合力抗曹。诸葛亮不辱使命，成功联吴。诸葛亮此次出使孙吴，达成孙刘联盟，是挽救刘备于危亡的关键性举措。他沉着稳重，不卑不亢，徐徐推进，可谓用心良苦。

不同于小说中的演义，在接下来的著名的赤壁大战中唱主角的并非诸葛亮，而是孙吴大将周瑜。曹操以铁锁连船，纵横数里，江面之上如履平地，以战船近身对敌讨不着便宜，然而孙吴采用火攻。赤壁，今湖北嘉鱼县江边，一战，曹操号称水陆八十万大军，只败得七零八落，引军退回河南。

赤壁的战火虽然熄灭了，但战事还没有结束，东吴军队东西出击，西逼江陵，东攻合肥，西线由周瑜统率，东线却是孙权亲自指挥。在这两条战线上，屯守江淮的曹军士兵来回奔走，忽而救东线合肥、九江，忽而救西线夷陵、江陵，疲于应付。赤壁的喧天烈火仿佛在宣告着世上并没有战无不胜的军队，弱小也会战胜强大。这时候的东吴很像八年前的曹操，而曹操却像八年前的袁绍。官渡之战与赤壁之战都成为以少胜多的经典战役。

五、巧夺荆州

那边战火纷纷，这边的诸葛亮却在考虑如何为刘备谋夺荆州。联吴抗曹只是第一步，接下来最要紧的是战争结束后荆州的归属。若等待曹孙两军决出胜负，恐怕势单力薄的刘备一方谋夺荆州的可能性就没有了。当刘备侧攻江陵撤退后，诸葛亮敏锐地察觉到了周瑜全据荆州境内长江的战略意图。当周瑜占领夷陵后，诸葛亮预料到周瑜进攻的重点定是江陵。也就是说，吴军发展的方向是北而不是南。这样，就会给刘备向荆州南部发展留下宝贵的时机。于是，诸葛亮果断地向撤出江陵战斗的刘备提出建议，放弃江夏，全力占据荆州江南四郡，站稳脚跟之后，再伺机谋取荆州北部的战略要地。

刘备接受了这个建议。再考虑到水战并非刘备军所长，因此，须趁曹吴水战胶着之时，趁机向南，依仗步战，抢先夺得江南数郡，这才能确保不会在战后对荆州的瓜分中处于劣势。在向荆州南部进军前，刘备先上表汉帝奏请刘琦为荆州刺史。刘琦是刘表的长子，子承父业，名正言顺。再有，刘备当初曾答应刘表尽力辅佐公子，这样做可以实现诺言，不失信于人。但这都是表面的原因，其深层原因，是刘备通过拥立刘琦，使自己在荆州立足取得合法地位，因为刘琦始终是在刘备战线上而又为其所控制的人。于是，他们这次趁着东吴在北岸和曹操争得难解难分之时，迅速率军南下，短短时日便夺得江南四郡，虽说是兵锋所向，不可阻挡，到底有刘琦这面旗帜张扬出去，这些刘表麾下的旧臣才俯首投降。主人收复自己的土地，理直而且气壮。当两万大军浩浩荡荡南下时，所到之处，无不望风披靡。不久，刘琦亡故，刘备代之为荆州牧，南荆州便在辖制之下。

至此，荆州八郡为曹、孙、刘三家分别拥有：曹操占有南阳、章陵二郡；孙权占有南郡、江夏二郡；刘备占有武陵、长沙、桂阳、零陵四郡。三家瓜分荆州，对孙、刘两家来说，各有不满意之处。就面积而言，刘备所得要大于孙权；但从地理位置上看，孙权全据荆州境内的长江，占据了荆州的战略重地。刘备当然不甘心孙权占据长江形胜之地，孙权也不满意刘备占有那么大的荆州地盘。当曹操势力退回北方，孙刘联盟的外部压力减轻时，孙刘之间重分荆州将在所难免。尽管如此，但对现在的刘备而言，他终于有了一块属于自己的地盘，有了一块向益州发展的根据地。

刘备收得江南之地后，以诸葛亮为军师中郎将，让他管理零陵、桂阳、长沙三郡（均为今湖南地），将这三郡的赋税收入来充裕军实。诸葛亮在荆州的二十年，大体上可分三个阶段：从公元195年即兴平二年，到公元207年即建安十二年，是他借寓荆州和隐居隆中的时期。从公元207年即建安十二年，到公元209年即建安十四年，是他辅佐刘备在荆州寻求立足的时期。从公元209年即建安十四年，到公元214年即建安十九年，诸葛亮奉刘备之命率兵入川，是他协助刘备治理荆州的时期。身为军师中郎将的诸葛亮，在协助刘备治理荆州的过程中，表现出了政治家的杰出才干。

荆州夺取战中，谁也没想到势单力薄的刘备能分得一杯羹，这不得不归功于诸葛亮。从建议撤逃到联吴抗曹，再到果断出击，诸葛亮根据不断变幻的时局，因时制宜，帮助刘备站稳脚跟，三分之势已显露端倪。按照“隆中对”的战略，第一步已然走出，诸葛亮正辅佐刘备徐徐拉开雄霸天下的序幕。

进取益州

公元 214 年，即汉建安十九年，诸葛亮奉刘备之命率军入川，驰援益州，从此离开荆州。

益州是一个什么样的地方呢？“天府沃野”是诸葛亮对益州概括性的描绘。他说：“益州险塞，沃野千里，天府之土，高祖因之以成帝业。”诸葛亮对益州是非常重视的，在他的“隆中对”的战略布局中，益州是一个至关重要的战略要地。刘备据有部分荆州后，却无其他地区做根。如果占有益州，与荆州成犄角之势，将来进军中原才有优势。谋夺荆州只是第一步，是一个起点和立足点，诸葛亮在谋夺荆州方面花费了很大的精力。第二步即要进取益州。若不及时占有益州，荆州

的处境也不妙。荆州是兵家必争之地，曹操和孙权都觊觎已久，他们二者一据中原，一据江东，都有自己的大本营，进可攻，退可守。刘备今日可夺，明日亦可轻易失去。因此，对刘备而言，荆州并不适合做他的根据地，他应及早进取益州，作为自己的大本营，这样才有可能实现三足鼎立之势。

一、天府沃野

益州具有险峻的地理形势：北面横亘着秦岭和大巴山，东面是广袤的湘鄂山区，南面有丘陵起伏的云贵高原，是一个名副其实的四塞之国。有关古籍中这样记载益州：巴蜀，陇西郡之南境，内史之南境，其余土境，自汉以后历代开拓氐羌戎夷之地。汉武帝置十三州，此为益州，领郡八。益之为言隘也，言其地隘险。一曰疆壤益大。又说：（益州）土肥沃，无凶岁，山重复，四塞险固，王政微缺，跛扈先起。文学家也常常著文写诗来表现蜀地之险。西晋文学家左思著《蜀都赋》，这样描写蜀地的险峻：夫蜀都者，盖兆基于上世，开国于中古。廓灵关以为门，包玉垒而为宇，带二江之双流，抗峨眉之重阻。水陆所凑，兼六合而交会焉；丰蔚所盛，茂八区而庵蔼焉。于前则跨躡犍、牂，枕倚交趾。经途所亘，五千余里，山阜相属，含溪怀谷，岗峦纠纷，触石吐云，郁葐蒕以翠微，崛巍巍以峨峨。唐代大诗人李白有《蜀道难》一诗云：“噫吁，危乎高哉！蜀道之难，难于上青天！蚕丛及鱼凫，开国何茫然！尔来四万八千岁，不与秦塞通人烟。西当太白有鸟道，可以横绝峨眉巅。地崩山摧壮士死，然后天梯石栈相钩连。上有六龙回日之高标，下有冲波逆折之回川。黄鹤之飞尚不得过，猿猱欲度愁攀援。青泥何盘盘，百步九折萦岩峦。扪参历井仰胁息，以手抚膺坐长叹。问君西游何时还？畏途巉岩不可攀。”并一再咏叹道：“蜀道之难难于上青天，使人听此凋朱颜！连峰去天不盈尺，枯松倒挂倚绝壁。飞湍瀑流争喧豗，砯崖转石万壑雷。其险也如此，嗟尔远道之人，胡为乎来哉！剑阁峥嵘而崔嵬，一夫当关，万夫莫开。”虽然是夸张的浪漫主义描写，却也将蜀地之险峻表现得淋漓尽致。

巴蜀地区有富饶的经济资源。土地肥沃，古代农业和畜牧业的兴盛，都同水利资源息息相关。

我国第一大河长江从西向东横穿巴蜀地区，嘉陵江、涪江、沱江、岷江以及其他大小河流从北向南注入长江，为古代巴蜀之地生产的发展和经济的繁荣，提供了重要的水利基础。《华阳国志·巴志》记载巴地的经济状况说：“其地东至鱼复，西至僰道，北接汉中，南极黔、涪。土植五谷，牲具六畜。桑、蚕、麻、纻、鱼、盐、铜、铁、丹、漆、茶、蜜、灵龟、巨犀、山鸡、白雉、黄润、鲜粉，皆纳贡之。其果实之珍者：树有荔枝，蔓有辛蒟，园有芳蒻、香茗、给客橙、葵。其药物之异者有巴戟、天椒；竹木之者有桃支、灵寿。”此处所说的黄润，即一种细麻布；鲜粉即一种化妆品；辛蒟，即一种香科；芳蒻，即魔芋。由此可见，巴地的物产十分丰富。《华阳国志·蜀志》记载蜀地的物产说：“其宝则有璧玉、金、银、珠、碧、铜、铁、铅、锡、赭、垩、锦、绣、罽、氂、犀、象、毡、毦、丹黄、空青、桑、漆、麻、纻之饶，滇、僚、賨、僰僮仆六百之富……其山林泽渔，园囿瓜果，四节代熟，靡不有焉。”矿藏、织品、食物等应有尽有。

秦昭襄王时，李冰任蜀郡太守，在此大兴水

利工程。《水经注》在记载长江流过都安县（今四川灌县）时说："李冰作大堰于此，壅江作塴，塴有左右口，谓之湔塴。江入郫江，检江以行舟。《益州记》曰：江至都安，堰其右，检其左，其正流遂东。郫江之右也，因山颓水，坐致竹木，以溉诸郡。又羊摩江灌江西，于玉女房下作三石人于白沙邮，邮在堰官上立水中，刻要江神，水竭不至足，盛不没腰。是以蜀人旱则藉以为溉，雨则不遏其流。"这就是举世闻名的都江堰。史书记载说，都江堰建成后，"穿郫江、检江、别支流双过郡下，以行舟船。岷山多梓、柏、大竹，颓随水流，坐致材木，功省用饶。又溉灌三郡，开稻田。于是蜀沃野千里，号为'陆海'。旱则引水浸润，雨则杜塞水门，故记曰：水旱从人，不知饥馑，时无荒年，天下谓之'天府'也"。意思是说，所谓"天府沃野"不仅指益州地区的土地肥沃，物产富饶，水利工程都江堰的修建也为其农业、经济的发展提供了保障。

就益州的历史而言，不得不提的是诸葛亮所谓"高祖因之成帝业"。秦末，项羽为了遏制刘邦，把他封在巴蜀汉中，并封秦将章邯、司马欣、董翳为雍王、塞王、翟王，把守关中。当刘邦率众沿着险峻的栈道不情愿地进入汉中时，却做出一个出人意料的举动：烧掉唯一通往外界的栈道，以向项羽显示无出川东向之意。其实，烧掉栈道，是为了麻痹项羽；麻痹项羽，是为了更顺利地出川东进。刘邦身居蜀汉，却不“郁郁久居此”，在众人的辅佐下，最终挥师东向，打败项羽，建立汉朝。

西汉末年，天下大乱，公孙述趁乱占据益州，先称蜀王，后称皇帝。据说，公孙述在称帝之前，曾做了一个梦，梦中有人对他说：“八厶子系，十二为期。”公孙述醒来，对其妻子说：“八厶为公，子系为孙，能做十二年皇帝。虽贵而祚短，若何?”其妻回答说：“朝闻道，夕死尚可，况十二乎!”上述对话，反映出公孙述夫妇目光短浅，胸无远志。公孙述根本不是一位有雄才大志之人。他不思进取，据险自守，等光武帝刘秀平定山东，据有中原，其势由占天下四分之三，进而五分之四，进而九分之八，最后一举吞并蜀地。

到了东汉末年，诸侯割据争战，天下四分五裂，益州被刘焉、刘璋父子所占据。刘焉就是建议东汉朝廷设置州牧的人。他向朝廷建议说："刺史、太守，货赂为官，割剥百姓，以致离叛。可选清明重臣以为牧伯，镇安方夏。"实则是有自己的打算：天下将乱，朝廷已无力扭转乾坤，留在京师，恐怕自身难保，因此他同时要求派遣自己到交趾（即今越南河内东）任交州牧，想要躲避世难。当朝廷举棋不定之时，有一个叫董扶的益州广汉人，对刘焉说："京师将乱，益州分野有天子气。"刘焉听后改变了主意，重新要求任益州牧。当朝廷采纳他的建议，正式把州作为一级行政机构时，他也同时被派往巴蜀出任益州牧，从此割据一方。刘焉去世后，他的儿子刘璋继任益州牧。刘璋为人懦弱多疑，不仅依然固守一方，不思进取，又与汉中张鲁矛盾重重。在当时复杂的时代环境中，刘璋对外的政策是选择抱大树，即不断向当时实力雄厚的曹操示好，以保自身暂时安定，妄图在乱世中守得一地安宁。

二、时机来临

诸葛亮的"隆中对"对当时益州形势的分析是："刘璋暗弱，张鲁在北，民殷国富而不知存恤，智能之士思得明君。"实则明确建议刘备取刘璋之位而代之，主动进取益州，但并非要刘备在益州为王，而是要借巴蜀之地实现匡复汉室平天下的目标。然而，刘备、诸葛亮等人现只据有荆州的部分地区，要进取益州，不仅要靠实力和智谋，还需要等待一个恰当的机会。

这个机会很快就来了。确切地说，这个机会和一个人有关，这个人叫张松。张松是刘璋派往曹操处示好的使臣。早在公元 208 年，即建安十三年，曹操即将征讨荆州，刘璋就派遣河内人阴溥向曹操致敬。曹操大喜，立即给刘璋加振威将军称号，给他哥哥刘瑁加平寇将军称号。在曹操攻占荆州后，刘璋又派别驾从事张肃给曹操送去叟兵三百人和杂御物。所谓“叟兵”，即武装起来的叟人。当时，蜀人称益州内的氐、羌等少数民族为叟，叟兵特别能打仗。曹操非常高兴，拜刘璋的使臣张肃为广汉太守。张肃是张松的哥哥。大约在赤壁之战前夕，刘璋又派张肃的弟弟张松向曹操致敬。这次出使却和之前不同，当张松作为刘璋的使臣往荆州去向曹操致意时，却遭到曹操的冷遇。曹操为什么冷遇张松？有一种说法是张松容貌丑陋。史书上曾这样记载张肃、张松兄弟二人的容貌："张肃有威仪，容貌甚伟。松为人短小，放荡不治节操。"还有一种说法是张松到时正值曹操赤壁大败，心情低落。他一上来就口若悬河对曹军一番歌功颂德，阿谀奉承，曹操听来句句讽刺，因此遭到冷遇。此番冷遇令张松对曹操心生怨恨。

被派来的任务没有完成，礼物亦没有交付，回去后如何向刘璋交差？正当张松在荆州徘徊不已，拿不定主意的时候，却意外受到了刘备的礼遇。史书上是这样记载张松与刘备的接触的：备前见张松，后得法正，皆厚以恩意接纳，尽其殷勤之欢。因问蜀中阔狭，兵器府库人马众寡，及诸要害道里远近。松等具言之，又画地图山川处所，由是尽知益州虚实也。曹操和刘备对自己态度的截然不同，令张松心里感慨万千，当他返回益州复命时，一个新的打算已经在他的脑中渐渐成形。

张松返回益州之时，正值曹军攻打关中节节胜利，刘璋焦急万分。曹操兵渡渭水，设反间致使马超、韩遂自相猜忌，趁其内讧之际，挥师西进，大破凉州军。马超仓皇出逃，走保诸戎，关

西叛乱像小孩儿闹剧般轰然落幕，曹操立马渭水，剑锋直指汉中，汉中如果失守，益州的门户便豁然洞开，曹操下一步一定会横扫益州。镇守汉中的是张鲁，刘璋不相信张鲁会拼死抵抗曹操，张鲁这个人太精明，他怎么会为了守护益州门户而赴死流血？何况当年他杀了张鲁举家一百余口，老弱妇孺皆断头颅，他和张鲁是宿世仇敌，也许张鲁心里巴望着借曹操的手除掉自己呢！而且张鲁也一直或明或暗地向曹操送殷勤，献媚求好，如此看来，曹操策马汉中无非早晚而已。

史书记载说：璋复遣别驾张松诣曹公，曹公时已定荆州，走先主，不复存录松，松以此怨。会曹公军不利于赤壁，兼以疫死。松还，疵毁曹公，劝璋自绝，因说璋曰："刘豫州（即刘备），使君之肺腑，可与交通。"璋皆然之，遣法正连好先主，寻又令正及孟达送兵数千助先主守御，正遂还。由此可见，刘璋与曹操绝好而转向刘备，张松是起了关键作用的。他在刘璋面前不仅尽说刘备的好话，并建议迎刘入川征鲁："荆州刘玄德，主公宗亲而曹操之深仇也，仁义布于天下，善用兵而有谋略。若主公能与之深相接纳，引其兵入蜀，使其北上征讨张鲁，张鲁摧破，汉中归我所有，则益州强。曹操虽来，无能为也!”实际上，这个主意绝非是从刘璋的利益出发，他之所以如此建议，是看穿“刘璋暗弱”，早晚被吞并，不若以自己的能说会道，把益州交于自认可托付之人，也是在为自己谋出路。因此，当他劝说刘璋绝好曹操结好刘备时，就意味着他已经决定把益州交给刘备了。

公元 211 年，即汉建安十六年，益州牧刘璋派了法正来迎刘备入川。诸葛亮“隆中对”的第二策进取益州，有了绝佳的机会。法正本为名门出身，家学渊源，素有门风。至法正这一辈，因天下大乱，不得已避难益州。虽然法正自负才高，胸怀经纶，身负王佐之才，却因那骨子里不媚从的骄傲，言行过于狂妄，惹得他人厌弃，不得刘璋赏识，更不得同僚善待，一直郁郁不得志。对刘璋的失望，也导致了他不仅作为使者迎来了刘备，更是被刘备惜才，直接加入了刘备阵营，日后为其立下了汗马功劳。

三、入蜀被困

此番入川，刘璋遣法正、孟达率四千兵甲来

迎，诸葛亮决定留守荆州，由刚加入刘备阵营的庞统作为军师随刘备出征。庞统是隆中的才子之一，诸葛亮的学友，有“凤雏”之雅号，学识修养不下于卧龙。先前在孙吴周瑜门下，周瑜死后，不得孙权重用，乃转投刘备处。据说，庞统生性倨傲，来投刘备时，诸葛亮并不知晓，刘备听说他曾为孙吴献计对战己方，心生不快，故意大材小用让他去做一个县官，他日日不得志，不理政务。一日，刘备、诸葛亮巡查诸县，刘备得知大怒，诸葛亮这才发现庞统在此处，继而劝说刘备尽释前嫌，重新重用。此次出征，诸葛亮知其谋略，乃遣其随军出征，以为进取益州，志在必得。遗憾的是庞统虽有妙计而不得刘备采纳，最后被箭射死于两军阵前。这也成为后来坐镇荆州的诸葛亮不得不入川驰援的一个重要原因。

刘备入蜀后，在涪县与自成都远来迎候的刘璋相会，彼此会饮数日，结下兄弟情谊后，便北上葭萌，做出了北征张鲁的姿态。葭萌关隶属梓潼郡，白水河和嘉陵江在这里会合，沿白水河上溯，可到要隘白水关，沿嘉陵江上溯，则可抵达巴蜀咽喉阳平关。进出巴蜀的陈仓道和金牛道也在这里会合，陈仓道迂回遥远，却因有嘉陵江水运之便，上可远至渭水，下可顺江入巴西阆中。位于嘉陵江中段的沮县是漕运要枢，进出益州的物资常常在这里中转，金牛道为秦时所开，上至汉中盆地，下抵剑阁，自秦以来，由汉中入蜀，一般取此道而行。葭萌关是连接汉中与巴中的关塞，距它西南二十里是为剑阁，故而用兵者常言，要守住益州门户剑阁，先得守住葭萌关。在巴蜀的崇山峻岭间，险隘之关有数处，但葭萌关为其中最关键之所，刘备北征张鲁的三万大军便在此驻扎。

刘备入川一年以来，刘璋往葭萌关送来车甲、器械、资货无算，成山的辎重堆在关城内，是对荆州贵客的厚恩，也是在催迫着刘备为他解决北边忧患。可刘备一直按兵不发，每当刘璋催他北上，他不是说初来乍到，将士水土不服，便是说张鲁势大，不易轻敌，当徐徐图之。刘备有自己的深谋，也有自己的矛盾，一面搅在道义负担里，一面又期望出现转机，若能既合情合理地接收益州又不背负道义骂名，对他是最完美的结局。其实，刘璋也有自己的打算，他虽赠予刘备资给甚

丰，倚重之情昭昭可见，却在葭萌关北边的白水关布下重兵，由心腹大将杨怀、高沛统领，说是拨归刘备部勒，却有监视嫌疑。恰是刘璋设在白水关的守军，让刘备更不敢轻举妄动，他若为了让刘璋放心，当真北上汉中，便得越过白水关。可他这一出去，后退之路则为他人所断，一旦被关在益州门外，便是骑虎难下，打得赢张鲁还好，若是打不赢，他连荆州也回不去。庞统曾建议刘备偷袭成都，一举拿下益州。但刘备碍于同宗，师出无名，迟迟不出兵，贻误了进取益州的大好时机。现只能屯兵于此，骑虎难下。

远在荆州的诸葛亮洞悉个中情由，便以荆州有难，须刘备还师支援为由，给刘备一个理由调转矛头，直袭成都，试图打破僵局。但一方面刘备困于所谓仁义之名不能断然下定决心，一方面益州局势突变，张松通刘事发，刘璋翻脸，要以武力讨伐刘备，因此，益州局面一变而为二刘之间剑拔弩张，兵戎相见，刘备陷入被动，攻城不下。实际上，当刘备入川之时，理应当断则断，一举拿下成都，此时兵戎相见，客军诸多不利，形势已然不利于刘备矣。雒城久攻不下。此时摆在刘备前面只有前进一条路，如果撤兵，且不说可能被刘璋追兵袭击，即使侥幸撤出益州，刘璋必定会将进入益州的大门紧闭，严加防备。再想入蜀，真是难于上青天了。

而北方的张鲁，听说刘备和刘璋同宗相斗，便遣兵南下，想趁着混乱分一杯羹，却又不愿意搅和进战争里，于是便向葭萌关的守将霍峻假意伸出援助之手，欲和霍峻共守葭萌。然而，霍峻早已看穿他的心思，拼却这条性命，也不可能把城池交出去，刘备大军被困在雒城下，迟迟不能攻克，葭萌关是刘备的后方保障，一旦丢失，敌军便能长驱直入，杀向刘备的后腰，则刘备前有重关，后有重兵，便会陷入没有退路的绝境里。霍峻深知其中的利害，故而虽然城中只有兵力数百，他也仍然坚守不动，椎牛飨士，感激兵卒，势要奋战到底。

四、率军驰援

战事急转直下，情势危急，诸葛亮必须改变原来的计划，变重兵守荆州而为重兵入蜀救援。派谁去援助刘备，谁留下镇守荆州，这是诸葛亮必须要处理好的重要问题。清人王夫之曾说：“为先主计，莫如留武侯率云与飞守江陵，而北攻襄、邓；攻蜀之事，先主以自任有余，而不必武侯也。”在他看来，诸葛亮应当与张飞、赵云等留守荆州，而让关羽率援军入蜀。刘备有雄才，关羽骁勇过人，再加上法正足智多谋，照样可以取得益州。诸葛亮实在不应该率军入蜀。如果庞统不死，王夫之的分析自有其合理之处，而且诸葛亮很可能坐镇荆州。诸葛亮虽然同意把政治中心移向益州，但他同时要兼顾荆州，因为荆州军队毕竟是合击中原的另一只手臂。但庞统死后，情况就不一样了。庞统不但能协助刘备占领益州，而且能协助刘备治理益州。庞统去世，以刘备之雄、关羽之勇、法正之智固然可以拿下益州，但能否治理好益州则另当别论。关羽武勇绝伦，但治国非其所长；法正虽有谋略，但心地过于狭窄，“一餐之德，睚眦之怨，无不报复”，以此治国显然也不适宜。因此援军入蜀之任只能由诸葛亮担当。

那谁来镇守荆州呢？根据“隆中对”的战略，荆州一路的主要任务是北征襄、邓，也就是说，主要敌人是北边的曹操。诸葛亮治理荆州期间，一个重要的工作就是巩固与孙吴的联盟，由于诸葛亮的努力，这项工作也是卓有成效的。这样，荆州北拒曹操的任务就更加突出。张飞是一员猛将，其“雄壮威猛，亚于关羽”，而且又“敬爱君子而不恤小人”“刑杀既过差，又日鞭挝健儿”，就连刘备也担心他早晚会出问题。把荆州交给他，诸葛亮显然不放心。

赵云倒是有勇有谋，办事精细、谨慎，但诸葛亮在与他的接触中，从他言谈话语中感到他对两路夹击中原的钳形攻势似乎有自己的看法。诸葛亮并不是那种不许不同意见存在的专横之人，相反，他对赵云的有自己主见是非常赏识的。但诸葛亮坚决主张，让人去做自己理解的事，更有利于发挥他们的积极性和主动性。想当初，他和庞统的分工就有这方面的因素。建安十五年，庞统曾对刘备说：荆州荒残，人物殚尽，东有孙吴，北有曹氏，鼎足之计，难以得志。今益州国富民强，户口百万，四部兵马，所出必具，宝货无求于外，今可权借以定大事。庞统这段话，反映了他在对荆州的看法上与诸葛亮是有分歧的。庞统认为荆州是曹、孙、刘三家矛盾的焦点，是危险之地，因而每次规划总方针时从不提及荆州，甚至连荆州在经济上的地位也加以否定。所以，庞统与诸葛亮一个协助刘备入蜀，一个坐镇荆州，这种分工与上述分歧不能说没有关系。而赵云在对荆州的看法上是倾向于庞统的。很显然，让赵云随自己入蜀，比让他镇守荆州更为有利。

诸葛亮思来想去，只有一个人最适合镇守荆州，那就是关羽。关羽是与曹操打交道最多的人，他的武勇，他的忠义，在曹操军中有很大影响。早在建安五年，刘备被曹操打败，关羽被曹操生擒。曹操任命他为偏将军，礼之甚厚。那时候，曹操正与袁绍对峙于官渡。袁绍派遣大将颜良进攻白马（今河南浚县东南），曹操派张辽和关羽为先锋进击颜良。关羽望见颜良麾盖，“策马刺良于万众之中，斩其首还，绍诸将莫能当者。遂解白马围”。曹军将士亲眼看见了关羽的武勇与威风。后来，关羽知道了刘备在袁绍军中，准备离开曹操返回刘备身边。曹操察觉后，对他重加赏赐，企图留住他。而关羽把所有赐品尽数封存留下，又写了一封告辞的书信，然后去投奔在袁绍军中的刘备。曹操的左右还想追击，曹操说：“彼各为其主，勿追也。”关羽的重于情义，给曹操留下了深刻的印象。由于与曹操打交道多，关羽与曹军中许多大将的关系很好。例如当曹操察觉到关羽要离开他时，便派张辽前去试探。张辽见到关羽，问及去留之事，关羽说：“吾极知曹公待我厚，然吾受刘将军厚恩，誓以共死，不可背之。吾终不留，吾要当立效以报曹公乃去。”张辽探明了关羽的真情后，感到很为难：向曹操报告吧，恐怕他杀了关羽；不报告实情，又有背于事君之道。他犹豫再三，最后叹道：“公，君父也；羽，兄弟耳。”还是说了实情。再比如曹操的大将徐晃，与关羽的关系也很好。关羽与徐晃在樊城战场相遇时，史书上记载着这样一个情节：羽与晃宿相爱，遥共语，但说平生，不及军事。须臾，晃下马宣令：“得关云长头，赏金千斤。”羽惊怖，谓晃曰：“大兄，是何言邪！”晃曰：“此国之事耳。”因此，诸葛亮决定亲率援军溯江而上，分定郡县，关羽坐镇荆州，继续联吴抗曹，以保两地不失，还能实现“隆中对”时所定下的雄霸天下的大计。

援蜀的荆州军水陆两路挺进益州，张飞率领先锋部队攻克江州，打通了入蜀通道，之后前后部在江州会师，而后兵分三路。张飞北上阆中，佯攻葭萌关，实则为席卷三巴，扫清益州西面阻力；赵云南下江阳，克定犍为；诸葛亮却直走中路，在德阳大破益州军。一切都按照诸葛亮预想的那样按部就班，荆州军一路征战势如破竹，对成都渐渐形成合围之势。成都平定后，“跨有荆益”的计划已基本实现。然而，无论是荆州还是益州，都有不属于刘备的地方。就益州而言，汉中郡不是刘备的，它先被张鲁占据，后来又归了曹操。

五、张鲁在北

汉中郡是益州北面的门户，对整个益州来说，的确是太重要了。无论是张鲁还是曹操占了该地，刘备都需极力夺回。《华阳国志·汉中志》这样记载汉中：汉中郡，本附庸国，属〔蜀〕。周赧王三年，秦惠文王置郡，因水名也。汉有二源，东源出武都氐道漾山，因名漾，《禹贡》“〔导漾东流〕为汉”是也；西源出陇西〔西县〕嶓冢山，会白水，经葭萌入汉。始源曰沔，故曰“汉沔”。在《诗》曰：“滔滔江汉，南国之纪。”其应上昭于天。又曰：“惟天有汉。”其分野与巴、蜀同占。其地东接南郡，南接广汉，西接陇西、阴平，北接秦川。厥壤沃美，赋贡所出，略侔三蜀。由此可知，汉中从战国时期变为秦国的一个郡。汉水从汉中流过，它东与湖北相接，西与甘肃相接，北面是八百里秦川，南面是富饶的四川盆地。这里土地肥沃，物产丰富，所产物品与蜀中差不多。汉中是个四面是山的盆地。它北至关中要翻过横亘的秦岭；南至蜀中要翻过连绵的大巴山；东至湖北要穿越广袤的鄂豫山区；西至甘肃要越过那里的祁山。从汉中到秦川，有褒斜、傥骆、子午三条谷道。从汉中到蜀中，“自勉县向西，出阳平关（古阳安关），由山道抵白水关（今四川青川白水镇），然后沿白龙江河谷至广元老昭化（古葭萌），再溯清江河西至沙溪坝，转而向南，经剑阁道入剑门。此即秦汉至南北朝间由关中入蜀的主道”。无论从关中到蜀中还是从蜀中到关中，汉中都是必经之路。汉中地理位置如此重要，所以它自战国时起即为兵家必争之地。

东汉末期，天下分崩，刘焉据蜀中，张鲁占汉中，蜀中与汉中的唇齿关系立即显露出来。据史书记载，刘焉与张鲁两家的关系是很好的。初平中，刘焉以“鲁为督义司马，住汉中，断谷道”。张鲁，字公祺，据史书记载，他是沛国丰县（今江苏丰县）人。但从他的祖父起，张鲁家就迁往益州居住。因此应该说，张鲁祖籍沛国，长于益州。张鲁家三代传道，是个道教世家。张鲁的祖父名叫张陵，是天师道的创始人。张氏一家三代经营天师道，其势力的强大可想而知。刘焉与张氏关系很好，一来出于对天师道的信奉。张鲁的母亲“有少容”，即年老而有少妇的容貌，这使刘焉看重道家导气养生之术。二来刘焉初入蜀中，需要寻求蜀中各种势力的支持。张氏天师道经三代经营，在蜀中既有影响，也有势力，刘焉交好于张鲁，也是为了利用张鲁的力量。刘焉任益州刺史以后，以张鲁为督义司马，以张修为别部司马，让他们率兵进入汉中驻守。张鲁、张修进入汉中以后，不久就产生了矛盾。张鲁袭杀张修，尽有其众。张鲁进入汉中，遵照刘焉的旨意，“断绝谷阁，杀害汉使”。这里所说的谷阁，即指褒斜谷中的栈道，是从关中进入汉中，越过秦岭的三条谷道之一。从关中进入汉中的三条谷道中，大部分栈道集中在褒斜谷道，张鲁破坏了这里的栈道，增加了从北面穿秦岭入汉中的难度。这就为益州的安全加了第一道保险。

刘璋继任益州刺史后，情况有了一些变化。张鲁因在汉中势力增强，便对刘璋骄恣不顺，刘璋一怒之下，把张鲁留在益州的母亲及家室全部杀死。刘璋与张鲁闹翻，显然对益州安全不利，使汉中由益州的门户变成了益州的威胁。但刘璋、张鲁各自有其弱点。刘璋暗弱无能，并不打算占有汉中，驱逐张鲁，而是派大将杨怀、高沛驻关头，防止张鲁南下。张鲁也是个自守之辈，他也只想守住汉中。而且，就张鲁的力量而言，想占领益州，取代刘璋也是困难的。刘璋的暗弱，张鲁的自守，使得益州与汉中之间形成了一种平衡。尽管张鲁恨透了刘璋，但从客观形势讲，汉中有张鲁这样一个割据政权更不利于关中。因为刘璋弱而曹操强，对于张鲁来讲，来自北边的威胁要远远大于南方。为了自身生存计，张鲁的防御重点也放在对付北面，这在客观上也起了藩屏益州的作用。

益州、汉中的平衡在公元 211 年，即建安十六年就已经开始变化。这一年三月，曹操派钟繇讨伐汉中。然而，这只是曹操征关中的一种策略，征汉中仅是一种姿态，一个扬言而已。正是这种姿态和扬言，首先引起了益州刘璋的恐慌。他担心曹操攻下汉中后，益州就会步汉中的后尘，所以，他为了益州的安全，把刘备从荆州请进益州，让他帮助自己征服张鲁，重建益州北门。刘备进入益州后，没有征讨张鲁，而是反客为主，代替了刘璋。刘备占领了益州，益州与汉中的平衡被彻底打破。刘备占领益州，也促使曹操加快了占领汉中的步伐。曹操知道，刘璋据有益州，不会吃掉汉中，而刘备据有益州，汉中就危险了，因为刘备毕竟不同于刘璋。早在刘备还未成事时，曹操就认为，天下英雄唯有刘备与自己，如今这个英雄不仅在赤壁占了上风，而且跨有荆益，紧逼汉中了。所以，在公元 215 年，即建安二十年，刘备占有益州的第二年，曹操就匆匆忙忙地对汉中进行征伐。

曹操的汉中攻伐战非常艰难。这首先就和张鲁破坏了褒斜谷栈道有关。曹操一面修路一面进军，当时的艰苦虽无明文记载，但我们从曹魏另一次对汉中用兵的记载可以看出来。公元 230 年，即太和四年，曹真率军从子午谷入汉中，散骑常侍王肃说："前志有之，'千里馈粮，士有饥色，樵苏后爨，师不宿饱'，此谓平途之行军者也。又况于深入阻险，凿路而前，则为劳必相百也。今又加之以霖雨，山坂峻滑，众逼而不展，粮悬而难继，实行军之大忌也。"闻曹真发已逾月而行才半谷，治道功夫，战士悉作。是贼偏得以逸而待劳，乃兵家之所惮也。曹真率军边修路边前进，劳苦程度超过常规行军一百倍。他出发了一个月，才走了子午谷的一半，使得战士们把精力体力都用在修路上，搞得疲惫不堪。曹操虽没走子午谷，但他当时走褒斜的情形，不会比曹真好多少。其次是阳平关易守难攻。曹操南征汉中张鲁，不但在谷道上行军困难，当他走出谷道，攻打汉中的阳平关（今陕西勉县西南）时，也不像他预想的那么容易。他临入汉中前，听凉州从事和武都降人说，张鲁易攻，阳平城下南北山相隔很远，难以守住。及到了阳平关下，与听说的情况相去甚远，不由长叹一声："他人商度，少如人意。"史书记载，汉中难攻，曹操几乎失去了再打下去的信心。只是由于偶然的情况，曹操才取得胜利。曹操此次出兵，虽然遇到不少困难，最终还是降服了张鲁，抢在刘备前面占有了汉中。杨暨说，曹操占有汉中是“天祚大魏”，这种天命观虽不足信，但曹操出兵汉中也确实占了有利时机。第一，曹操已经解决了关中马超、韩遂等割据势力。第二，刘备虽占有益州，孙权却在其东面挑起了荆州争端，刘备不得不回兵东下解决荆州问题，没有时间顾及汉中。

六、兵定汉中

汉中是益州的咽喉。对于刘备来说，张鲁占有汉中，不过是卡在咽喉中的一根小鱼刺，他只要用力一咳，就可以把他去掉。从南面益州进攻汉中，要比从北面进攻关中容易。第一，蜀中通往汉中的交通道路是通畅的。马超被曹操打败后，从凉州逃往汉中。刘备派李恢与马超联络，马超又率兵投降刘备。李恢、马超等人这样顺利地往返于蜀中和汉中之间，可见两地的交通畅达。第二，蜀中与汉中来往的险关要隘被刘备掌握着。那时候，白水关是陕、甘入蜀的孔道，而这个关口被益州刘备所据有。刘备早在从葭萌南下攻成都前，就先杀掉刘璋驻白水关的两员大将，占据了关头。刘备南下后，留下中郎将霍峻守葭萌，控制白水关。现在，曹操据有了汉中，就如同一个巨人用一双有力的手扼住了益州的喉咙。

就汉中对益州的重要性来说，刘备本来应该在占领成都后立即占领汉中。然而，应该做的事却没有做。这倒不是因为刘备、诸葛亮等人没有想到，而是因为他们当时还无力顾及。公元215年，即建安二十年，也就是刘备占有成都的第二年，孙权便派人前来讨还荆州。对于刘备来说，荆州是关系到诸葛亮“隆中对”的战略目标能否实现的重地，当然不能拱手相让。但如果要就“荆州到底该属于谁”的问题弄个明白，显然于时不宜，弄不好还会使得联盟破裂。于是，诸葛亮建议刘备含混答道：“须得凉州，当以荆州相与。”刘备说“当以荆州相与”，意即“把荆州给您”，刘备用“与”而不用“还”，显然不承认荆州是从孙权那里“借”得的。而且这个“与”是有条件的，即取得凉州，而凉州究竟什么时候取得，当然谁也说不清楚。孙权见刘备借口推托，便出兵武力争夺。刘备也不示弱，急忙率兵回到荆州。

据说，鲁肃曾邀关羽相见。双方各驻兵马百步之外，只带佩刀单独相会。鲁肃对关羽说：“国家区区本以土地借卿家者，卿家军败远来，无以为资故也。今已得益州，既无奉还之意，但求三郡，又不从命。”关羽说：“乌林之役（即赤壁之战），左将军（即刘备）身在行间，寝不脱介，戮力破魏，岂得徒劳，无一块壤，而足下来欲收地邪?”双方各说各的理，看来只有用武力解决问题了。就在孙权、刘备为荆州的归属问题剑拔弩张之时，曹操却乘机出兵汉中。为了尽快解决荆州问题，回兵保卫益州，刘备不得不对孙权做出较大的让步，以湘水为界，将江夏、长沙、桂阳三郡划给孙吴。

刘备占领成都后的形势是，张鲁北据汉中，孙权东攻荆州。刘备一向认为张鲁是个“自守之贼”，在荆州火烧眉毛的危急时刻，自然要东保荆州。诸葛亮是赞成刘备回救荆州的，因为荆州一旦有失，两路夹攻中原的计划就将成为泡影。当汉中形势吃紧时，诸葛亮又建议以湘水为界与东吴中分荆州。因为这样做有三个好处：第一，做出较大的让步，可以降低荆州再起争端的可能性，使荆州基本上获得稳定。第二，虽然又让出了荆州两郡，但却保存了南郡这个北争襄樊的重要基地。第三，可以腾出手来专力解决汉中问题。

当刘备解决了荆州问题，赶回益州时，曹操已经打败张鲁，占有了汉中。张鲁放弃了郡治南郑（今陕西南郑东），退到巴中（今嘉陵江、渠江上游一带）。曹操继续向三巴地区进军，部落酋长朴胡、杜濩、任约纷纷降曹。曹操任命朴胡为巴东太守，杜濩为巴西太守，任约为巴郡太守。偏将军黄权对刘备说："若失汉中，则三巴不振，此为割蜀之股臂也。"刘备认为黄权说得很对，便以黄权为护军，率众到巴中迎接张鲁。然而刘备并不知道，张鲁早就恨透了他，明确表示宁降曹不降刘。黄权虽未迎到张鲁，却攻破了杜濩、朴胡诸军，收复了三巴地区。曹操听说三巴又失，派大将张郃率军复入巴中，开至宕渠蒙头、荡石（均在今四川渠县东北）。刘备派出张飞前去抵御。双方在宕渠对峙了五十多天，僵持不下。后来张飞采取出奇制胜的策略，让手下和张郃继续对峙，自己却率领一万多精兵从另外一条路去截击敌军，一下子把张郃军截成两段。巴中多山，山道险峻狭窄，张郃军首尾不得相救，被打得七零八落。张郃丢掉马匹，进入山中，与手下十多人走小路才得以逃生，然后收拾残部退回南郑。最终，曹军势力退回汉中，三巴地区复归刘备所有。曹操虽占据了汉中，但无意对益州大举用兵，他只是在三巴地区做一些尝试性的军事行动，稍有不利，便立即停止。在曹操看来，占领汉中的目的，不是为了进一步灭蜀，而是为了防止刘备抢先占有汉中，威逼关中。

在取得益州之后，诸葛亮选中法正作为辅佐刘备取汉中的人选。法正早为刘璋属下，因助刘备取益州有功，被任为蜀郡太守、扬武将军。成都在蜀郡之内，法正担任这两个职务，是“外统都畿，内为谋主”。法正任蜀郡太守后，对于以前曾给自己点滴好处的人无不报恩，对于与自己有很小仇怨的人无不报复，甚至还擅自诛杀了几个中伤诋毁他的人。有人不满法正的过分行为，找到诸葛亮，对他说：“法正在蜀郡太骄纵，将军宜启主公，抑其威福。”诸葛亮回答：“主公之在公安也，北畏曹公之强，东惮孙权之逼，近则惧孙夫人生变于肘腋之下；当斯之时，进退狼跋，法孝直为之辅翼，令翻然翱翔，不可复制，如何禁止法正使不得行其意邪！”意思是说，法正功劳很大，不宜因其骄纵而处罚他。诸葛亮对待法正的态度历来有争议。

事实上，诸葛亮不抑制法正，不仅由于法正功大过小，更重要的是他认为法正是个对攻占汉中有重要作用的人。诸葛亮与法正虽然在喜好和崇尚方面有所不同，但能从大局出发与他亲善相处。诸葛亮认为法正有奇谋妙智，又对益州和汉中情况很熟悉，是对收复汉中巩固益州能起重要作用的人才。事实证明，法正在后来协助刘备取汉中时确实发挥了重要作用。

公元 217 年，即建安二十二年，刘备率大军攻打汉中，正面与曹操作战，诸葛亮在成都负责军需供给。这场战争持续了两年之久，曹操亲自坐镇，亦未能挽回败局，公元 219 年，即建安二十四年五月，汉中之战以刘备的胜利而结束。诸葛亮曾说："及至孟德，以其谲胜之力，举数十万之师，救张郃於阳平，势穷虑悔，仅能自脱，辱其锋锐之众，遂丧汉中之地。"刘备占取汉中后，又遣刘封、孟达乘胜攻取了东三郡：魏兴、上庸和新城。至此，刘备进取益州的计划全面实现。

诸葛亮在此次益州进取战中至关重要。当刘

备入川后骑虎难下之时，他果断亲率大军驰援，从而使成都平定，益州大部归入刘备麾下；平定成都后，面对东吴索要荆州，曹操攻打汉中的艰难局面，献计刘备继续联吴割地，荐任法正，并坐镇成都，为刘备攻打汉中提供强大的军需支持。在诸葛亮的辅佐之下，刘备进一步拓展势力范围，“隆中对”的“跨有荆益”之局已基本成形，天下三分，这才名副其实。

第三章
理政成都显良才 领命白帝表忠忱

自公元 214 年，即建安十九年驰援益州，平定成都，至公元 225 年，即蜀汉建兴三年，诸葛亮率军南征，坐镇成都十余年，专心于治理益州，使其地民众归心，安定富庶，展现了他杰出的政治家的风采。

治理成都

成都平定之后，诸葛亮为军师将军，署左将军府事。刘备外出，诸葛亮常镇守，生聚教养，修明内政，从事一切建设，数年之间，足食足兵。实际上，驰援益州之前，诸葛亮决定谁来入川时，考虑的不仅是以战平定益州，还考虑到平定后的治理。因庞统已逝，没有更合适的人选，这才决定亲率援军入川。也就是说，进取益州在诸葛亮的计划里不只是武力征服，还必须良加治理，才能真正成为刘备雄霸天下的大本营。益州作为根据地，一来要为将来夺取天下准备经济、军事上的后援，二来外来者虽以武力征服，可要人心归服，不是容易之事。如此才有在刘备率军回荆州，征汉中之时，诸葛亮始终稳坐成都，镇守益州，为其保证大后方政治经济的发展。

一、富国利民

初占成都，刘备急于封赏诸将，未经深思熟虑，便同意开成都府库，以犒赏军将，由此引发的抢夺军变还在其次，关键是国库因此一抢而空，拿什么作为继续大业的军资？而更为集中的矛盾在于人心不稳，当地人对于外来入侵者并无好感。朝野上益州派与荆州派矛盾不断。连老百姓也并不信赖新主。原有的蜀地官绅作为地头蛇当然也不服管束，擅自增加农民赋税，为己敛财，却声称是新来的荆州军所加，民众苦不堪言，心生怨恨，当时有民谚：“西方土，东来客。据田土，侵房舍。得过春，还望冬。贪心犬，不善终！”由此可见，无论是从经济民生上，还是从军事维稳上来看，如何治理都不是一件容易的事。

就经济民生而言，当时的状况很不乐观，有官员向诸葛亮抱怨：“如今国库空虚，梓潼遭涝灾，农户受损，成都却发不出赈灾钱，我们手中所存财帑不足，兵民皆难给养。再者，而今物价腾贵，市场匮乏，豪强之家操纵金银市价，士兵们趋利而走，私下做起金银黑市交易，愈加将物价抬高了。成都市场混乱不堪，若不筹措之，民变即在眼前！”面对如此“兵民皆难给养”的经济困境，诸葛亮的应对办法是起用具有经济头脑的能人，解燃眉之急。他慧眼识人，向刘备举荐刘巴，称：“此人具桑弘羊之才，才干卓荦，是充实国库，给养兵民的不二人选！”实际上对于这个名字刘备并不陌生，早在谋夺荆州时期，诸葛亮已然向刘备举荐过他。

刘巴何许人也？刘巴刘子初，荆州人，刘表数次征辟，他都拒而不就，摆出了不入仕的名士派头。曹操占据荆州，一道手令传下，他却欣然赴公门就职，后来还身负曹操之令，往江南招纳四郡。偏偏这时候刘备轻骑南下，江南四郡一夜之间易帜，他不得反使，北上的路又被刘备掌控，只好藏于乡里，伺机北还。刘备听闻刘巴才干，曾想纳为己用，刘巴却想方设法地躲着刘备，那颗心偏偏向着曹操。虽如此，诸葛亮还向刘备举荐任用此人，他劝刘备说：“主公可曾听过此语：故将大有为之君，必有所不召之臣。”见刘备沉吟不语，诸葛亮又进一步说：“主公用刘巴，非仅为用一人，乃以用此人昭我爱才之心也。若刘巴能为我所用，为大善，若不能，则能昭示远人，刘巴之徒尚见用，何况其他？此为燕昭王筑台延郭隗而徕远人之意！”刘备听了之后，决心招徕此人，不料他已远走交趾。今时又重提此人，说实话，对这个刘巴，刘备并无好感，投魏不成，不惜远走交趾也不投靠自己，这分明是异己力量。可诸葛亮苦劝道：“刘巴秉性跎弛，清高自负，但他的确有真才实学。主公毋以小过掩大善，暂压怨愤，取其善者弃其不善者，可好？”在诸葛亮一而再再而三地劝说下，刘备最终尽释前嫌，刘巴也终为其感服。事实证明，刘巴确有其才，为国库充盈献奇谋，在经济管理上扭转了局面。

史书所载一事，可证实其能力：当初刘备与刘璋开战时，与众将士有约定：“如果大事能成，刘璋府库里的东西任你们拿去，我是不会干预的。”等到攻下成都时，将士们都扔下武器前去府库拿取宝物，致使军用不足。刘巴针对如此棘手的局面，并不惧怕，对刘备说：“此事很容易就能解决，只需铸造铸值百钱的铜板通行，统一物价，并实行公卖制度就可以了。”刘备听从了刘巴的建议，果然数月之间，府库得以充实。

除举荐经济贤才之外，还有人认为诸葛亮治蜀，亦善富国理财之道。我们试看蜀师屡出，但未闻民生憔悴，粮赋支绌，反而财裕食足，其中富国的措施，必自有道，只不过史家没有注意记载而已。所见记载的，只说诸葛亮南征获捷，所获物资不少，反而富饶起来。蜀地虽可自给自足，应当仍然依赖于开源培本有方。有人以为蜀国的联吴政策，原不止于军事上的联盟，既在贸易经济上，也有互惠作用，江东资财用足，蜀地货物，沿长江输出邻国，可以增裕收入，以做军费，这是诸葛亮所以坚持联吴的原因之一，这种说法似也颇有道理。诸葛亮治蜀期间，益州地区经济的发展，说明他就是这样的治世良才。

另一方面，诸葛亮认为，“唯劝农业，无夺其时，唯薄赋敛，无尽民财”。只有这样，才能“富国安家”，他觉得理想的社会经济，应该是“利人相逢，用天之时，分地之利，以预凶年，秋有余粮，以给不足，天下通财，路不拾遗，民无去就”。他反对那种“利与民争，灾害并起，强弱相侵，躬耕者少，末作者多，民如浮云，手足不安”的现象。诸葛亮受遗诏辅佐刘禅以后，仍把农业生产放在重要位置。公元224年，即建兴二年春，“务农殖谷，闭关息民”。建兴五年，在为后主所拟的伐魏诏书中，又提出“劝分务穑，以阜民财”。

有件事使诸葛亮终生难忘。那是荆州军入益州后不久，就遇上了百年不遇的大旱。地里粮食颗粒无收，为了节约粮食，刘备下令在民间禁止酿酒。当时禁酒命令非常严厉，发现有酿酒者都要处以刑罚。有一次，官吏在一家人的住宅里搜查出一套酿酒器具，有人认为，既有酿酒的器具，就有酿酒的可能，就应该和酿酒者一样治罪。刘备为了禁酒，居然同意了这种主张。老臣简雍不同意这样做，但一时又无好办法说服刘备。有一次，简雍与刘备外出，路见一男一女走在路上。简雍灵机一动，立刻有了主意。他对刘备说：“你看那个男子，他要行淫乱，怎么不把他绑起来？”刘备觉得奇怪，问：“你怎么知道？”简雍答道：“他具备行淫乱的条件，其性质与那个家中藏酿酒器具的罪犯一样啊！”刘备不禁笑起来，明白简雍在批评自己制裁藏酿酒器者不妥，便把那个人放了。诸葛亮却从这件事中得到了另一种启示，他觉得禁酒之令实在是不得已而为之，酒难禁，制裁有酿酒具者更是过分。而他细究这件事情之所以发生背后的深层原因，乃是因为天旱缺粮，进而更深深体会到水利对农业生产的重要。

因此，他十分重视农业水利建设。首先是保护和利用都江堰。其次是修筑九里堤。《成都志》记载：“九里堤在县西北，堤长九里，故老相传，诸葛亮所筑，以捍水势。”据说，“现在经成都西北桥，出城行数里，还可望见一条东西横卧、长约二百米、高七八米的土埂，那就是古老的九里堤残存部分”。

二、人心维稳

就人心维稳而言，面对益州本土大族势力的

刁难，诸葛亮首先看清了益州派本身内部亦有矛盾，并利用其矛盾从内部将其瓦解。未来益州前，益州势力本有两派，一是原来的西州派，二是刘焉父子入蜀后新贵的东州派，两派势力水火不容，曾经两次刀兵相向，终刘璋之世，始终无法平息两派争斗。荆州军一到，两派暂按前嫌，一致对外，致使很多政策不能落到实处，这种状况着实棘手。诸葛亮的方法则是让矛盾重新回到两派中去，两派离心，内斗两败俱伤，最终归服。面对益州老百姓的怨恨，为了不为这些地方势力所牵制，诸葛亮还颁布“丈田令”，即核实土地田数。多年来，大户侵田，小户失田，豪强凭借权势强占土地，他们一可凭朝廷恩荫少交或不交赋税，二可倚仗法权隐瞒亩数，如此一来，便将田赋转嫁给无权无势的小农。小农无力承受，或者卖田走他乡，或者将田土投献给豪强，做了豪强的佃农甚至奴隶，致使土地兼并愈加严重，国家赋税日渐流失。因此，才需重新丈田，划定田数，以增赋税！这是一举三得之事，一来国库可得充盈，二来可削弱地方豪绅的势力，三来可照顾普通小民的利益，安抚其情绪。

在占据益州以后，因为刘璋治蜀，失之暗弱，政治未能上轨道，诸葛亮花了大量时间从事革新，励精图治，并做富国利民的措施，使民生稳定，邦基固立，以准备向外发展。史称诸葛亮的治蜀："田畴辟，仓廪实，器械利，蓄积饶，朝会不哗，路无醉人。"又称："吏不容奸，人怀自荐，道不拾遗，强不凌弱，风化肃然。"据说诸葛亮当时的锐意建设，是"下至桥梁、道路、井灶圊溷，无不修缮"。可见那时的交通、路政、公共卫生等都有一番建设。这些"安内"的政治上的刷新与建设，总括起来，正如陈寿所说的"诸葛亮之为相国也，抚百姓，示仪轨，约官职，从权制，开诚心，布公道；尽忠益时者虽仇必赏，犯法怠慢者虽亲必罚；服罪输情者虽重必释，游辞巧饰者虽轻必戮；善无微而不赏，恶无纤而不贬；庶事精炼，物理其本，循名责实，虚伪不齿"。诸葛亮对于内政措施的孜孜尽力，就是因为他要"物理其本"。政治建设是一切建设之本。他若干年来以苦干精神实现了他的安内政策，才能使蜀汉屹然立国，与强魏、富吴鼎峙于当世。

具体而言，在政治上，诸葛亮又采取起用当

地贤人和严典刑两个策略，使民心渐向刘备。蜀地虽“殷盛丰乐”，却是一个“天下未乱蜀先乱”的地方。当时人心初附，处理千头万绪，而诸葛亮首重人事的安排。《三国志·蜀书·先主传》载：“董和、黄权、李严等本璋之所援用也，吴壹、费观等又璋之婚亲也，彭羕又璋之所排摈也，刘巴者宿昔之所忌恨也，皆处之显任，尽其器能。有志之士，无不竞劝。”任贤不问出处，并大量起用益州当地之能人，这显然是诸葛亮安定人心、量才器使的做法，使蜀局很快便稳定下来。他的《便宜十六策》中《举措》一章，曾有两句名言，就是：“为人择官者乱，为官择人者治。”可见诸葛亮是如何重人任官的。

诸葛亮的用人一向以才能为准。以一人为例：蒋琬，字公琰，零陵湘乡（即今湖南省湘乡市）人，是后来承继诸葛亮担当大任的人，在卑位时诸葛亮便识得他的能干，向刘备推荐。史书载：初蒋琬在广都那个地方做县长之类的小官，刘备一天到了广都，蒋琬却不理公事，并且喝得醺醺大醉，刘备大怒，将要杀他，诸葛亮说：“蒋琬是社稷之器，而非百里之才，为政以安民为本，不以修饰为先，望主公明察。”意思是说蒋琬有治国的大才，不是一位小地方官的才具，他的为政，以安民为本，不会粉饰敷衍，请刘备加以明察。刘备这才没杀他，后来又重新起用，委以重任。

诸葛亮所著《将苑十五篇》之一的《知人篇》有云：夫人之性，莫难察焉。万恶虽殊，情貌不一，有温良而为盗者，有外恭而内欺者，有外勇而内怯者，有尽力而不忠者。然知人之道有七：一曰：问之以是非而观其志；二曰：穷之以词而观其变；三曰：治之以谋而观其识；四曰：告之以难而观其勇；五曰：醉之以酒以观其性；六曰：临之以利而观其廉；七曰：期之以事而观其信。由此可知，诸葛亮善知人用人之法。

另外，诸葛亮还躬校簿书，以身示范为官之道。蜀汉的人才究竟少，楚士轻浮，蜀士躁脱，大小事集中于诸葛亮一人，从军事、政治、经济以至琐事，也都躬自亲为，察察于纤微，是有不得已的苦衷。后来任李严而李严乱其纪，任马谡而马谡败其功，诸葛亮虽知人善用，而所能用者究竟很少，以李严、马谡之才，还使诸葛亮吃了大亏，他不能不特别谨慎。三国抗衡在某种意义

上说是人才的抗衡，国土最小，就使人才的数量受到客观环境的限制，如果执政者不具备发现人才的慧眼，那么蜀国就会丧失与其他两国的竞争力。

另一方面，诸葛亮治蜀，又不能不“以猛济宽”，即严典刑。《蜀记》载：“益州承刘璋暗弱之后，士大夫挟其财势，凌侮小民，亮一切裁之以法：巨室不便所为，多怨言者。”当时法正也以为太过严峻，曾向诸葛亮谏说：“昔高祖入关，约法三章，秦民怀其德，今君假借威力，跨据一州，初治新国，未垂惠抚，且主客未习，宜稍宽假，以安反侧之心。愿缓刑驰禁，以慰民望。”意思是说，初来蜀地，应像汉高祖那样，以宽大处事，才能换得民心归服。但诸葛亮的答复是：“君知其一，未知其二。秦以无道、政苛民怨，高祖因之，所以弘济。今刘璋暗弱，自其父焉以来，文法羁縻，互相承牵，德政不举，威令不行。蜀土人士，专权自恣，君臣之道，渐以陵替，宠之以位，位极则滥；顺之以恩，恩竭则慢；所以致弊，实缘于此。今吾威之以法，法行则知恩，限之以爵，爵加则知荣；荣恩并济，上下有法，为政之要，于斯著矣。”意思就是说，现在的环境和汉高祖那时的不同，那时的高祖是要矫正秦朝苛政之弊，才以宽大为主要策略，现今为矫刘璋暗弱所带来的威令不行之弊，必须要严典刑以肃清政治积弊，使其以后都能按规则法令行事，若此时纵容，任何新的法令都不会有效力了。还有一件事，亦可说明诸葛亮以严典刑治蜀的决心。《华阳国志》载：“亮时有言公惜赦者。亮答曰：‘治世以大德，不以小惠，故匡衡、吴汉，不愿为赦。先帝亦言：吾周旋陈元方、郑康成间，每见启告治乱之道悉矣，曾不语赦也。若刘景升、季玉父子，岁岁赦宥，何益于治？’”这是说当时有人对诸葛亮说，新政权刚刚建立，应大赦天下以示恩泽，这样有益于民心归服，但诸葛亮不这么看，他征引历史说明，大赦天下并非国家恩泽于民的根本措施，有害无益，正所谓“治世以大德，不以小惠”。诸葛亮这种严峻的法治，在当时收到了良效。一方面明正典刑，地方势力有所忌惮，另一方面也使人明白无论贵族与否，皆受法令约束。我们不能忽略的是，诸葛亮厉行猛政，却是“赏罚严明”“公而忘私”的，所以使人信服而无怨言。“吾心如秤，不能为人作轻重”，这句话正表现了诸葛亮是如何公正无私的。马谡、李严、廖立都是他赏识的人，但一有过失，绝不徇私，处罚如法。马谡失街亭，甚至诸葛亮自己也上表呈请处分，说：“街亭之失，咎皆在臣，春秋责帅，臣职是当。”这种秉公的态度，自然使人无所闲言。时人张裔有言：“公赏不遗远，罚不阿近，爵不可无功取，刑不可以贵势免。此贤愚之所以佥忘其身者也。”此外，诸葛亮在于民生方面，处处为民众利益着想，所谓“下至桥梁、道路、井灶圊溷，无不修缮”。这是“治世以大德，不以小惠”的兑现，所以法令虽严，人民还是服威感德。

三、治世良才

西汉武帝以前，儒、法、道三家都曾做过帝王君主治理天下的指导思想。春秋时，齐鲁等国用以治国的主要是儒家理论；秦朝所尊崇的主要是法家理论；西汉初，文帝、景帝则以道家理论支撑“文景之治”。诸葛亮用以治理蜀国的理论属于哪一家呢？

诸葛亮对治国之道曾发了一段很长的议论，他说：君臣之政，其犹天地之象：天地之象明，则君臣之道具矣。君以施下为仁，臣以事上为义。二心不可以事君，疑政不可以授臣。上下好礼，则民易使；上下和顺，则君臣之道具矣。君以礼使臣，臣以忠事君。君谋其政，臣谋其事。政者，正名也；事者，劝功也。君劝其政，臣劝其事，则功名之道具立矣。是故君南面向阳，著其声响；臣北面向阴，见其形景。声响者，教令也；形景者，功效也。教令得中则功立，功立则万物蒙其福。是以三纲六纪有上中下。上者为君臣，中者为父子，下者为夫妇，各修其道，福祚至矣。君臣上下，以礼为本；父子上下，以恩为亲；夫妇上下，以和为安。上不可以不正，下不可以不端。上枉下曲，上乱下逆。故君惟为政，臣惟其事，是以明君之政修，则忠臣之事举。学者思明师，仕者思明君。故设官职之全，序爵禄之位，陈璇玑之政，建台辅之佐，私不乱公，邪不干正，此治国之道具矣。意思是说，治国要推行仁义之道，并以礼为本，据此人们可以认为诸葛亮是以儒治国的，而他重“人治”也确有儒家之风采。而在同一篇文章中，诸葛亮又说：赏罚不明，教令有不从。必杀可生，众奸不禁；必生可杀，士卒散亡；忿怒不详，威武不行；赏罚不明，下不劝功；政教不当，法令不从；以私为公，人有二心。故众奸不禁，则不可久；士卒散亡，其众必寡；威武不行，见敌不起；下不劝功，上无强辅；法令不从，事乱不理；人有二心，其国危殆。故防奸以政，救奢以俭，忠直可使理狱，廉平可使赏罚。赏罚不曲，则人死服。路有饥人，厩有肥马，可谓亡人而自存，薄人而自厚。故人君先募而后赏，先令而后诛，则人亲附，畏而爱之，不令而行。赏罚不正，则忠臣死于非罪，而邪臣起于非公。赏赐不避怨仇，则齐桓得管仲之力；诛罚不避亲戚，则周公有杀弟之名。意思是说以法治国，有法必依，违法必究。诸葛亮这段议论，似乎又给人一个印象，他是个法家人物。严典刑的治理方法确是以法家思想为基础的。说到底，讨论诸葛亮的治国之道是哪一家或许本无必要，因为他的思想并不囿于一端。我们回过头去看其隆中耕读时的读书方法——“观其大略”即可明白，在诸葛亮这里，学以致用，各家言只要符合现实需要，皆可融会贯通。正所谓“识时务者为俊杰”。

作为蜀汉的执政者，诸葛亮不但集众家理论

之长用以治国，还善于集思广益，广泛听取并参考他人的意见，也即重视“纳言”。诸葛亮有言：“纳言之政，谓为谏诤，所以采众下之谋也。故君有诤臣，父有诤子，当其不义则诤之，将顺其美，匡救其恶。恶不可顺，美不可逆；顺恶逆美，其国必危。夫人君拒谏，则忠臣不敢进其谋，而邪臣专行其政，此为国之害也。”意思是说，一个国家的执政者，能不能行纳言之政，有没有鲠骨诤臣，是关系到能否使国家兴利除害的大事，是关系到社稷安危存亡的大事。

怎样才能行“纳言之政”呢？诸葛亮认为要做到两点。第一要做到“视微形，听细声”。所谓微形细声，就是指那些往往容易被忽视的事情和意见。而视微听细，不专心是万万不能做到的。他引用一句话，叫作“圣人无常心，以百姓为心”。如果把所有精力全都专注于百姓这个心上，“目为心视，口为心言，耳为心听，身为心安”，就能够“视微之几，听细之大”。第二要“多闻”，即“听察采纳众下之言”。多闻，即听取各种意见，既包括进善之忠言，也包括吁嗟之怨言。诸葛亮认为，个人的见识总是有限的，只有“集众思，广忠益”，依靠众人的智慧，才能把国家治理好。如果要避嫌疑，或者怕得罪人，不敢提出不同意见来商讨，就会给国家政事造成缺欠和损失；反之，如果经过大家反复商讨，就能像“弃弊而获珠玉”一样，获得有益的意见和办法。

诸葛亮还特别重视下面的“怨声”“危言”，即批评的、不满的、反面的意见。他有言：“有道之国，危言危行；无道之国，危行言逊。上无所闻，下无所说。”又有言：“怨声不闻，则枉者不得伸。”诸葛亮把能否听取反面意见提高到一个国家政权有道或无道、兴旺或衰落的高度来认识，这是很有政治见地的。他深知一旦没有了谏诤，群臣们不敢讲真话，国家政治就会被欺骗和假话所淹没，被阿谀逢、迎歌功颂德之声所包围和侵蚀。如果没有反面意见的警戒和促进，就有可能无法进步，甚至停滞倒退而走向反面。这就是他所说的“危生于安，亡生于存，乱生于治”的道理。更可贵的是，诸葛亮不是空发议论，而是言行一致，付诸实践。早在公元 218 年，即建安二十三年，刘备率兵同曹操在汉中展开争夺战时，诸葛亮就采纳了部属杨洪的意见，急速派兵增援汉中，保证了战役的胜利。

对于不同意见，诸葛亮是持欢迎态度的。还在隆中隐居时，他的好朋友崔州平、徐庶等人就常和他一起探讨问题，在探讨中大家各抒己见，争论不休，正是这种争论，使诸葛亮觉得获益匪浅。自从占领益州，初建霸业之后，诸葛亮又实行参署制度，即让一些有识之士参与机要事务的议论与处理。在参署人员中，比较突出的是董和和胡济。董和，字幼宰，刘备入蜀后被任为掌军中郎将，与诸葛亮并署左将军、大司马府事，经常提一些好的建议。在他参署的时候，有时与诸葛亮意见不一致，双方的争辩讨论竟达十次之多。胡济，字伟度，任诸葛亮的主簿，也常提出不同意见。

为了鼓励大家都能像董幼宰、胡伟度那样知无不言，言无不尽，诸葛亮曾一再发布《与群下教》。第一个教令说：夫参署者，集众思广忠益也。若远小嫌，难相违覆，旷阙损矣。违覆而得中，犹弃弊而获珠玉。然人心苦不能尽，惟徐元直处兹不惑。又董幼宰参署七年，事有不至，至于十返，来相启告。苟能慕元直之十一，幼宰之殷勤，有忠于国，则亮可少过矣。以后，又发了第二个教令：昔初交州平，屡闻得失；后交元直，勤见启诲。前参事于幼宰，每言则尽；后从事于伟度，数有谏止。虽姿性鄙暗，不能悉纳，然与此四子终始好合，亦足以明其不疑于直言也。由此，足见诸葛亮作为一个杰出的政治家的胸襟和气魄。

有史学家说：诸葛亮治理下的蜀国，在三国中是最有条理的一个。是为确言。诸葛亮殚精竭虑，从经济、政治等方面使原来的益州大改面貌，他以身作则，重视民生，知人善用，恩威并施，使蜀境安定富庶，民众安居乐业。如今蜀地的老百姓对其敬重也多半来源于此。更为重要的是，诸葛亮此时的文治为日后的武功——辅佐刘备雄霸天下的大业打下了更为深厚扎实的经济和政治基础。与此同时，也提醒我们重新认识诸葛亮时，除了其军事家的杰出才能之外，他还兼具治世良才的一面。

助登帝位

公元221年，即汉建安二十六年，曹丕代汉，刘备的臣下劝刘备称尊号，刘备未允。诸葛亮进言曰："今曹氏篡汉，天下无主，大王刘氏之后裔，继世而起，现在登帝位是名正言顺的。况且各人追随勤苦，也想有尺寸之功。"刘备于是在成都即帝位，国号汉，史称蜀或蜀汉，策诸葛亮为丞相。占有今四川、云南大部、贵州全部、陕西汉中和甘肃一部分。在北方的洛阳，汉朝已宣告灭亡，蜀汉正式竖起称帝大旗，定年号为章武。

一、拥立"汉中王"

实际上，早在刘备夺得汉中之后，诸葛亮就一手策划了拥戴"汉中王"一事。公元 219 年，建安二十四年秋，刘备手下的大臣平西将军都亭侯马超、左将军长史领镇军将军许靖、营司马庞羲、议曹从事中郎军议中郎将射援、军师将军诸葛亮、荡寇将军汉寿亭侯关羽、征虏将军新亭侯张飞、征西将军黄忠、镇远将军赖恭、扬武将军法正、兴业将军李严等一百二十人，向名存实亡的汉朝廷上了一道表章，全文如下：

昔唐尧至圣而四凶在朝，周成仁贤而四国作难，高后称制而诸吕窃命，孝昭幼冲而上官逆谋，皆凭世宠，藉履国权，穷凶极乱，社稷几危。非大舜、周公、朱虚、博陆，则不能流放擒讨，安危定倾。伏惟陛下诞姿圣德，统理万邦，而遭厄运不造之艰。董卓首难，荡覆京畿，曹操阶祸，窃执天衡；皇后太子，鸩杀见害，剥乱天下，残毁民物。久令陛下蒙尘忧厄，幽处虚邑。人神无主，遏绝王命，厌昧皇极，欲盗神器。左将军领司隶校尉豫、荆、益三州牧宜亭侯备，受朝爵秩，念在输力，以殉国难。睹其机兆，赫然愤发，与车骑将军董承同谋诛操，将安国家，宁克旧都。会承机事不密，令操游魂得遂长恶，残泯海内。臣等每惧王室大有阎乐之祸，小有定安之变，夙夜惴惴，战栗累息。昔在《虞书》，敦序九族，周监二代，封建同姓，《诗》著其义，历载长久。汉兴之初，割裂疆土，尊王子弟，是以卒折诸吕之难，而成太宗之基。臣等以备肺腑枝叶，宗子藩翰，心存国家，念在弭乱。自操破于汉中，海内英雄望风蚁附，而爵号不显，九锡未加，非所以镇卫社稷，光昭万世也。奉辞在外，礼命断绝。昔河西太守梁统等值汉中行，限于山河，位同权均，不能相率，咸推窦融以为元帅，卒立效绩，摧破隗嚣。今社稷之难，急于陇、蜀，操外吞天下，内残群僚，朝廷有萧墙之危，而御未建，可为寒心。臣等辄依旧典，封备汉中王，拜大司马，董齐六军，纠合同盟，扫灭凶逆。以汉中、巴、蜀、广汉、犍为为国，所署置依汉初诸侯王故典，夫权宜之制，苟利社稷，专之可也。然后功成事立，臣等退伏矫罪，虽死无恨。

意思是说，汉室倾颓，曹操篡逆，刘备同为汉室后裔，忧心忡忡，奋发而为，愿为匡复汉祚效犬马之劳。曾经刘备与董承密谋除贼，不料事发，董承罹难，这是要表明诛曹的初心。后来刘备孜孜于抗曹，终于在汉中之战大破曹贼，彰显汉室之威风，进一步使海内英雄都加入讨贼阵营，朝廷应该对刘备及时进行表彰，这样才可能不使天下有志于此之士寒心，讨贼才有继续胜利的可能，江山社稷才有希望不为曹贼所夺。我们这些人联合上表，依旧制，建议朝廷加封刘备为“汉中王”，辖制汉中、巴蜀之地，成为一方诸侯，这是为国家利益着想，不是为了个人私欲，到扫灭逆贼之时，我们大可功成身退，望朝廷成全一片忠义之心。

这道长长的表文，写得有情有理，把刘备对

汉室之忠心表达得淋漓尽致，而请求加封也看起来顺理成章。同时，这也是讨伐曹操的檄文，文章处处将曹操视为逆贼，大有不灭曹操誓不罢休之势，汉室朝廷和刘备在曹操对面达成了统一战线。这还是公开树立的兴复汉室的旗帜，是蜀汉政权建立的先期预告书。表文由广汉郪县人李朝执笔，但其策划及立意却是诸葛亮。实际上，拥刘备为汉中王的事件只是诸葛亮帮助刘备称帝计划中的第一笔，或者可以说是前期铺垫，它体现了诸葛亮的智慧和谋略。夺取汉中，大败曹贼，这个时机的把握也不可谓不精准，朝廷没有拒绝的理由，刘备实至名归。这时举起“汉中王”之旗，一是向曹操示威，二是向海内英雄招手致意，便于联络同盟，三则第一次亮出刘备的实力，使天下人不敢小觑刘备的力量。

这里有一个疑问：按当时的形势，献帝形同虚设，汉廷名存实亡，有实力者称王称霸，无实力者成为强者之食。在这种情况下，刘备称王汉中是件简单的事。而刘备称王的过程也确实简单，奏表写完，无须批准，便在沔阳设坛场，陈兵列众，群臣陪位，将奏表一读，把王冠往头上一戴，就是汉中王了。然而，刘备称王前，不但群臣写了上奏表文，刘备称王后，又亲笔上书汉帝，除表明自己为群僚所迫正式即汉中王位的态度外，再次揭发曹操谋权篡位的罪行，以及自己决心重振汉室的宏愿。刘备这封上书，与他的群下的奏书没什么两样，甚至有些措辞都是一样的。既然汉献帝形同虚设，诸葛亮为什么还要发动这么多人向他上封刘备为汉中王的奏章呢？

我们当然知道，此时的皇帝不过是曹操手中的政治傀儡，朝廷就是曹操，曹操就是朝廷。诸葛亮把奏书上给朝廷，实际上就是交给曹操。奏书中把刘备说成是汉朝宗室的肺腑枝叶，说成是兴复汉室的中坚力量，公开、鲜明地打出灭汉贼、兴汉室的旗帜。这么做是有意为之，在当时是很具有号召力的。刘备这样一来，不仅师出有名，而且还向天下表明自己是正义之师，曹操戴上“汉贼”的帽子，自然可以人人得而诛之。刘备称汉中王之时，曹操并未篡汉，有人进言不若取而代之，曹操拒绝后，意味深长地说：我只愿做周文王。文王的儿子武王伐纣，建立周朝，这是人所共知的事，可见曹操不是没有篡逆之心，只是时机未到，而要为后代做足之前的准备工作而已，因此，才假托周文王，称自己毫无称帝之心。实际上，曹操有意取代汉朝，时人早就心知肚明了。拥护曹操的人积极劝进，陈群、桓阶就认为曹操应天命之期，“十分天下而有其九”，应该“畏天知命，无所与让”。夏侯惇也对曹操说：“今殿下即戎三十余年，功德著于黎庶，为天下所依归，应天顺民，复何疑哉!”但是，也有许多人不赞成曹操代汉，建安十七年，曹操准备晋爵为魏公，行九锡之礼，派董昭去探察荀彧对此事的态度。荀彧认为曹操“本兴义兵以匡朝宁国，秉忠贞之诚，守退让之实；君子爱人以德，不宜如此”。曹操听了，心中很不高兴，将他逼死。张绣的儿子张泉、刘廙的弟弟刘伟、王粲的两个儿子，都参加了魏讽反对曹操的活动。图谋推翻曹操的除了魏讽等人之外，还有金祎等人。史载：“时有京兆金祎字德祎，自以世为汉臣，自日讨莽何罗，忠诚显著，名节累叶。睹汉祚将移，谓可季兴，乃喟然发愤，遂与耿纪、韦晃、吉本、本子邈、邈弟穆等结谋。”由此表明，虽然曹操当时势力最大，但相当一部分人甚至曹操自己都还忌惮于篡逆汉室之罪名，汉室朝廷虽然形同虚设，但尊奉汉室的正统观念还是根深蒂固的，仍是笼络民心所向的有力工具。因此，诸葛亮才如此策划拥戴“汉中王”一事，一方面大费周章上表朝廷，取得义理之正，显示仍忠心于汉朝；一方面却又不等批复自我加冕，竖起兴汉大旗，笼络人心，以成霸业。

二、曹丕代汉

公元 220 年，即汉建安二十五年，正月二十三日，曹操在洛阳王宫中病逝。此时正值刘备全据益州后重新计划向孙吴夺回荆州之时。诸葛亮听到这个消息，预感天下将有大事发生，凭着他政治家的敏锐，他和刘备决定暂缓夺回荆州一事，静观其变，以集中精力应付可能发生的重大政治事变。果然，曹丕马上亮牌，曹魏要正式取代汉朝。

自从曹操把汉献帝迎到许县，“挟天子以令诸侯”时起，汉献帝就成为曹操手中的傀儡。二十多年来，曹操打着汉廷旗号，东征西伐，建立了卓著的文治武功，确立了自己至高无上的地位。凭他的权力，他的地位，登上皇帝宝座不成问题，但曹操没有这么做。曹操临死前，确实为后代们建魏代汉创造了一切必要的条件。

曹操任丞相时，就受着“赞拜不名，入朝不趋，剑履上殿”的特殊待遇，以后又任魏公、魏王，享受着皇帝所受的一切特殊待遇。这种地位和待遇，可以由他的儿子继承。为了让后代实现代汉的大业，曹操在世时又在选定继承人上下了一番功夫。曹操有二十五个儿子，他最喜欢其中的三个：一个是曹冲，一个是曹植，一个是曹丕。曹冲是曹操的第七子，为环夫人所生。史载他“少聪察岐嶷，生五六岁，智意所及，有若成人之智”。我们耳熟能详的“曹冲称象”的故事就是表现曹冲小小年纪就聪慧异常的。但是曹冲十三岁时得了重病，曹操亲自为他向神灵祈祷，请求延长他的寿命。曹冲终因无法医治而死，曹操非常伤心。还有一说是赤壁之战曹操携子曹冲随行出征，曹冲因感染军中疫病，不治身亡，曹操悲痛万分。曹丕劝慰曹操时，曹操说：“这是我的不幸，却是你们的幸事。”由此可见曹操曾打算把王位传给曹冲。曹植是曹操的第三子，与其哥哥曹丕一样，同为卞皇后所生。曹植自幼聪明，文学天赋极高。十多岁时，能诵读诗、论及辞赋数十万言，而且能写出极出色的文章。曹植不但文才很高，而且很聪明，每次受到曹操的问难，都能应声而对，因此很受曹操的宠爱。曹操曾说："始者谓子建（曹植字），儿中最可定大事。"由于曹植受到宠爱，再加上杨修、丁仪、丁廙等大臣对他的支持，曹操有几次几乎要决定让他做自己的继承人。

然而，曹操最终还是选择了长子曹丕。曹冲死得很早，来不及与曹丕、曹植兄弟比谁优谁劣，而曹植与曹丕比起来，暴露出许多弱点。曹植诗人气质太浓，他任性而行，不刻意美化自己的外部形象，饮酒不加节度。而曹丕不但擅长诗文，也长于骑马射箭、击剑格杀，可谓文武双全。更重要的是曹丕懂政治，有手段，御己有术，矫情自饰，会笼络人心。据说为曹操所看重的司马懿在曹丕争储斗争中不少出谋划策，最终使其获得成功。当曹操选定曹丕以后，为了巩固他的地位，不但疏远了曹植，还找借口杀了曹植的智囊人物杨修，削弱了曹丕竞争对手的力量。曹操不可谓不深谋远虑矣！如此一来，曹操死后，曹丕代汉是必然，这本是设计好的一步棋，水到渠成。

三、蜀汉举旗

面对改朝换代这样重大的历史事件，诸葛亮、刘备该怎么办？逆贼称帝，对此毫无反应，显然是不明智的。因为，没有反应，就意味着对曹丕称帝的默认和容忍，就意味着放弃了匡复汉祚的旗帜。这显然与刘备等一向所志相背。兴兵讨伐似乎最实际有效，因为武装反抗最能表明反对的态度，但是当时的刘备天下仅居其一二，远不具备推翻曹魏的实力，贸然出兵，恐怕还会导致自己全军覆没。退而求其次，对曹魏政权檄文声讨，指明其为“僭逆”，但与曹操在世时不同的是，当时还有一位真正的汉朝天子坐在皇位上，尽管形同虚设，但仍是一种正统的象征，称曹操为逆贼，是相对这个正统而言。如今汉朝已经不复存在，谁来作为参照方能证明曹丕称帝是“僭逆”呢？看来，此时最需要的还是竖起另一面正统大旗，以正其伪。简单来说，就是曹丕你若称天子，刘备我就当皇帝。

对诸葛亮而言，这绝不是应对此事的匆忙决定。实际上他对天下大局如此变化是有预见的。

早在公元216年，即建安二十一年五月，曹操逼汉献帝封自己为魏王之时，他就已经看出了端倪，魏王与魏帝，仅一字之差，一步之遥。因此，在汉中之战胜利后的公元219年，即建安二十四年七月，诸葛亮就拥戴刘备为汉中王，诸侯王与帝也仅差一步之遥。我们不能不佩服诸葛亮在政治斗争中表现出来的远见卓识。这样看来，“拥立汉中王”是诸葛亮帮助刘备登上帝位的准备，一旦曹魏篡逆，刘备即可顺理成章由“王”而“帝”，并名正言顺。说其名正言顺，是因为西汉的开国始祖就是从汉中王起家，如今刘备又一次从汉中王起步；刘备是汉景帝的儿子中山靖王的后代；刘备的政治纲领一直是“兴复汉室”。所有这些，都是号召人们拥戴其即帝位的优势。但是，刘备称帝也存在种种阻力，最大的阻力就是当时的天命舆论。据载，早在东汉初年，蜀地就流行着一句令人莫名其妙的谶语：“代汉者当塗高。”割据蜀地的公孙述以为自己的名字“述”字有“路途”之意，与谶言中的“塗”字相应，以为天命在己，便建号称帝。为此，东汉光武帝还专门给公孙述写了封信，信中说谶语中所说的当塗高，是指一个姓当塗名叫高的人。公孙述手下有一个叫杨春卿的，是广汉新都（今四川新都西）人，善图谶学。公孙述被刘秀所灭，杨春卿自杀。临死前他对儿子杨统说："在我的书箱中，有先祖传下来的秘籍，你要好好学。"杨统牢记父言，为父治丧守孝毕，离开家乡到犍为郡（今四川彭山东）周循处学习图谶之法，又向同郡人郑伯山学《河洛书》及天文推步之术。杨统死后，又将此术传给儿子杨厚。杨厚少习父业，精通图谶，多次为朝廷预言灾异，献消灾之法。晚年回到家中，"修黄老，教授门生，上名录者三千余人"。在杨厚的学生中，周舒、董扶、任安三人最为知名。周舒，字叔布，是巴西阆中（治今四川阆中）人，善图谶，朝廷多次征召他，他都不应。当时有人问他："《春秋谶》中说，代汉者当塗高，是什么意思？"周舒说："你们知道皇宫门口两边的平台吧？它们高大巍峨，又正当大路，它们名叫象魏、魏阙。当塗高者，魏也。"周舒对"当塗高"的解释，很快便在当地传开了。杨厚是汉桓帝时人，他生活的时代，远远早于曹操的崛起，更早于刘备集团的入蜀。可见在刘备入蜀以前，魏将取代汉朝的说法就已流传了很久。

据说，在刘备犹豫是否称帝时，是诸葛亮的果断劝说，才使他下定了决心。皇帝登位，大多都要行燔瘗之礼。把祭品放到木柴堆上燃烧，使烟气升上天空，就是燔礼；把祭品埋入土中，就是瘗礼。燔瘗之礼，是人祭告天地神祇的一种仪式，但实质上是要昭告天下，让世间的人知道。当刘备行完燔瘗之礼后，蜀汉建国的消息就被天下人知道了。诸葛亮从公元 207 年出山辅佐刘备到公元 221 年助登帝位，短短十几年的时间就使出道晚、势力单薄的刘备崛起于各大势力之间，形成能与曹魏、孙吴相抗衡的力量，成为一方霸主，这不是一件简单的事，非有大才略者不能为之。这期间诸葛亮一步步，步步为营，一点点，徐徐图之，因时制宜，相机而为，当机立断，终于使刘备登上了人生的巅峰，匡复汉祚、雄霸天下似指日可待。这一年诸葛亮四十一岁，刘备已年逾花甲。然而，谁也没有料到，蜀汉的历史刚刚开创，历史情势却急转直下，刘备，这位与诸葛亮有着“鱼水情”之称的知遇故事的主角即将在历史舞台上谢幕，诸葛亮的人生命运也就此发生改变，如果说在这之前的一切作为都可算作诸葛亮胸有成竹的话，此后便开始了他“知其不可为而为之”的悲慨余生。

白帝领命

公元223年，即蜀汉章武三年，刘备以关羽之死，征吴大败，驻兵白帝城永安宫（今四川奉节县东）。刘备病重，召诸葛亮赴白帝城，吩咐后事。刘备对诸葛亮说：“君才十倍曹丕，必能安国，终成大事。若嗣子可以辅助，使辅助他，如其不才，君可自取。”刘备临终的意思是要以国家和孩子相托。诸葛亮涕泣说：“臣敢不竭股肱之力，效忠贞之节，继之以死。”诸葛亮感伤表态当效忠蜀汉，直到身死。刘备又遗诏后主阿斗，即刘禅：“你和丞相共事，须要事之如父！”这位俗谚中所称“扶不起的刘阿斗”在继位后当真遵从父亲遗志，一直尊诸葛亮为相父，朝廷大事都与诸葛亮相商。就这样，在刚刚建立蜀汉政权未久，刘备就带着未实现大业的遗憾与不甘离开了人世。诸葛亮自隆中得遇明主，尽心辅佐，未料到中途突生如此变故，蜀汉平天下的重担今后竟要一力独挑。

一、关羽轻吴

这一切还要从留守荆州的关羽说起。当刘备进取益州请诸葛亮率军驰援之时，诸葛亮对谁入川、谁留下镇守荆州着实有着谨慎的考虑。最终决定关羽为最佳人选，关羽镇守荆州的任务当然是守住这一路线，不为人所趁机夺走，以待将来可以两路夹击进取中原，以成大业，这本是“隆中对”的基本策略的一步步实现。具体而言，关羽留下来的任务有两件，第一是北面抗魏，第二则是东面联吴。

就北面抗魏而言，关羽可谓威风凛凛，曹军不仅不敢大举进犯，而且被关羽所震慑，甚至曹操都要考虑从许都迁都以避其锋。而就东面联吴而言，关羽似不甚看重，这也是导致其覆亡的关键问题。之所以不看重一方面是因为关羽骄矜，轻视孙权；另一方面亦是因为从一开始，关羽对诸葛亮的联吴政策便不置可否。

关于关羽个性骄矜，史书曾载一个小故事：马超来降，关羽驰书给诸葛亮问马超“人才可比谁”。因为关中马超归降蜀汉，诸葛亮为笼络他，给他的地位颇高，远在荆州的关羽显然有些矜嫉之意才这样写信去质问诸葛亮：你觉得他的才能堪比谁呢？诸葛亮的复信是：“孟起兼资文武，雄烈过人，一世之杰，黥、彭之徒，当与翼德并驰争先，犹未及髯之绝伦逸群也。”孟起是指马超。诸葛亮说马超才干堪比张飞，但比起你关羽来差远了。这当然是一种恭维，诸葛亮一眼便瞧出关羽的用意，为缓和良将之间的矛盾，只能迁就关羽。骄傲的关羽“省书大悦，以示宾客”，收到回信后非常高兴，并把信拿给别人一一审看，表明自己才是才干最优秀的人。

不仅如此，当是时，关羽以锐勇之气，大败曹仁，声威赫赫，甚至曹操“议徙许都以避其锐”，倘若利用这种时机，加意和东吴联络，专力向魏，局势发展正未可量；但是关羽不能了解联吴的重要，反以此自骄，对吴蔑视。《三国志·蜀书·关羽传》裴松之注引《典略》有云：“羽围樊，权遣使求助之，敕使莫速进，又遣主簿先致命于羽，羽忿其淹迟，又自已得于禁等，乃骂曰：‘狢子敢尔！如使樊城拔，吾不能灭汝邪！’权闻之知其轻已，伪手书以谢羽，许以自往。”由此可见，关羽对孙吴所潜在的威胁根本不放在眼里，在他心中，抗魏后灭吴不过是早晚而已。如此态度，怎能不招孙吴怨怼？又如何能继续联吴？

还有一件事，据《三国志·蜀书·关羽传》载："权遣使为子索羽女，羽骂辱其使，不许婚，权大怒。"面对蜀汉的渐渐强大，孙权想以联姻来巩固邦交，也借此对关羽有所牵制，无奈关羽不同意便罢，还辱骂来使，孙权大怒在情理之中。从这些事实看来，关羽对吴的轻视可以想见。这不仅无益于联吴，反倒处处使孙吴离心，为日后联盟破裂埋下了祸根，实在不是明智之举。

诸葛亮为何一直要坚持联吴呢？三国鼎立之局，魏国最强，从蜀汉的立场来说，魏是大敌，汉贼不两立，对魏是不能有所妥协的。认定魏是主敌，就必须联吴以对魏，一来免树多敌，二来可以杜绝曹魏各个击破的蓄谋，并且增强对魏的力量，这是诸葛亮联吴政策的原因，在当时客观形势要求下，联吴政策是一种正确的政略。

隆中献策，诸葛亮就已有"外结好孙权"的意见。随后，更进一步，刘备和孙权缔结了姻好。我们爬梳史实，显然会体味到刘备始终也并不重视这种联吴政策；在刘备之下的群臣，拥护和反对联吴政策的也分成两派。关羽、张飞以至殷观等，属于反对派。费祎、法正、赵云、秦宓、邓芝、宗预等属拥护派。这种矛盾的危机在一个意料不到的关键时刻爆发，终因留守荆州的关羽与东吴不谐拉开了蜀吴联盟破裂的序幕，进而酿成大祸。正当关羽在襄樊前线节节取胜之时，作为盟友的孙吴却暗暗拔出了捅向关羽后背的利刃。

二、孙吴偷袭

从孙吴方面具体而言，联蜀也并不受重视。孙吴占有荆州全部的欲望由来已久，看着刘备跨有荆、益二州，力量不断发展壮大，孙权对当初让刘备进驻南郡懊悔不已：如果不让他进驻南郡，刘备集团始终被堵在长江以南，没有长江通道，刘备便无由西进益州，关羽也无法北进襄樊。如今可倒好，不但北有强大的曹操，西部又崛起一个势力越来越大的刘备。想到这里，孙权不禁心中埋怨起死去的鲁肃来，让刘备进驻南郡，正是鲁肃的主张，这毕竟是他的一个短处。

那么，鲁肃死后，接替鲁肃镇守陆口的是谁呢？他就是吕蒙。原来鲁肃的一万多人马转归吕蒙所领，此外，鲁肃的奉邑下隽、刘阳、汉昌、州陵四县也归吕蒙享有。吕蒙这个人不同于鲁肃，很早就对刘备集团怀有戒心，特别是刘备进驻南郡后，他一直在琢磨怎样对付刘备。吕蒙代鲁肃以后，便开始改变鲁肃的方针。鲁肃认为：曹操尚存，祸难始构，应与刘备互相辅助，同心协力对付仇敌，不能与之失去和气。而吕蒙一上任，便向孙权献秘策说："让征虏将军孙皎据守南郡，让潘璋进驻白帝，再派蒋钦率流动军队万人，沿长江上下游动，哪里有敌情就支援哪里，而我则率军为主公占据襄阳。如果是这样，曹操何忧？关羽何赖？"继而又言："羽君臣矜其诈力，所在反复，不可以心腹待也。今羽所以未便东向者，以至尊圣明，蒙等尚在也，今不于强壮时图之，一旦僵仆，欲复陈力，其可得邪！"意思是说，关羽君臣，依仗其狡诈和实力，事事反复无常，不能把他们当作心腹好友对待。现在，关羽之所以没有立即侵犯我辖境，就是因为主公圣明和我们一班强将尚在。如今，不趁我们在时图谋他们，一旦我们死去，再想陈力进取就不可能了。

孙权认为吕蒙的建议很好，但当时他正准备从东面进攻曹操的徐州，如此该怎么办？吕蒙又说："而今曹操远在河北，又消灭了袁绍的残余势力，正忙着幽州、冀州方面的事，无暇东顾徐州。那里的守备不堪一击，进攻那里自然容易得手。但是徐州地形平坦通畅，无险可依，正是曹操骁勇骑兵的用武之地。您今天取得徐州，曹操后天就会前来争夺，即使您用七八万人去防守，仍不能高枕无忧。不如西取关羽，完全据有长江，可以张我国势啊！"

孙权一听，精神一振，又问吕蒙有何良策西取关羽。吕蒙认为，关羽勇猛无敌，只能先麻痹他，趁其不备而袭取之。所以，吕蒙上任后，表面上似乎比鲁肃对关羽还要热情友好，与关羽的关系非常融洽。尽管如此，关羽在北征襄樊之时，也没有忘记必要的防御部署。当时，关羽只带了一部分兵马北上，留在南郡、公安等地的兵力不在少数。吕蒙见此情况，便秘密上奏孙权说："关羽进攻樊城而留下许多兵将在后方防守，是害怕我乘虚攻取他的后方。我现在身体不好，请允许我以治疗修养为名，带一部分兵力回建业。关羽听说后，就会对后方特别放心了，必会抽调后方防御兵力加强襄樊前线。到那时我们再派大军乘船溯江西上，对关羽空虚的后方发动袭击，一定会夺取南郡，擒获关羽。”

孙权听后明白这是要先麻痹后偷袭。于是，他发出一封不加密封的檄文，从首都建业传至陆口吕蒙的军营。文书的大意是，鉴于吕蒙的病情加重，主公决定让他带人回建业调养医治，陆口守备另派人。由于文书不加密封，消息很快传遍陆口大营，然后又不胫而走，传到了公安、南郡的关羽守军营中。吕蒙真的回到了京城，不过不是为了养身治病，而是为了袭击关羽而进行隐藏。孙吴年轻的将领陆逊看出了端倪，向吕蒙言道："关羽自矜于他的骁勇胆气，处处凌驾于人。如今他北征襄樊，进军顺利，一门心思向北推进，却没顾忌我们。如果让他知道您得了重病，必然更不会防备我们。那时我们出其不意发起进攻，就可以将其一举制服。”吕蒙闻言，知其亦有同心，便向孙权推荐陆逊代替自己镇守陆口。陆逊到陆口给关羽写信，语词谦卑，对关羽仰慕之意溢于言表，使关羽对后方大为放心，不再有什么顾忌，对襄樊的曹兵展开了更加强大的攻势。这年十月，曹操赶到洛阳，令徐晃军从宛城南下，援救樊城。

为了更有效地为樊城解围，曹操又向东线征调兵力。他密召兖州刺史裴潜、豫州刺史吕贡、合肥守将张辽等人，令他们速领兵前来。

关羽襄樊得胜，更加重了孙权对这个盟友的忧虑，他下定决心遏制关羽势力的发展。同时，曹操在东线调兵，使他明显感觉到东线压力的减轻，从而更加有利于他对付西线的关羽。为了不使自己在进攻关羽时受到曹操的威胁，孙权便给曹操写了封密信，声称愿意为曹操效力，打击关羽。脆弱的孙刘联盟破裂了。就曹操方面来看，早在关羽威震华夏时，司马宣王、蒋济就对曹操献议，说：“关羽得志，孙权必不愿也，可遣人劝权蹑其后，许割江南以封权，则樊围自解。”果然孙权阴诱芳仁，等到关羽出师归来，吕蒙便占了江陵，袭害关羽，曹操所以能运用这种反间之计，使吴蜀火并，解除“徙许都”的威胁，就是看出了东吴的孙权对联蜀并不重视的弱点。

三、谏阻东征

一误再误。吕蒙袭荆州、关羽败亡之后，刘备誓要倾师东征。当时孙权曾致书请和，刘备不应，赵云加以谏阻。裴松之注引《赵云别传》有云："孙权袭荆州，先主大怒，欲讨权。云谏曰：'国贼是曹操，非孙权也，且先灭魏，则吴自服。操身虽毙，子丕篡盗，当因众心，早图关中，居河、渭上流以讨凶逆，关东义士必裹粮策马以迎王师，不应置魏，先与吴战；兵势一交，不得卒解也。'先主不听，遂东征。"意思是说，我们应该清醒地认识到真正的敌人是曹魏，不是东吴，不可贸然行事，贻误大局。同时，据《三国志·蜀书·秦宓传》载，秦宓也劝刘备"天时必无其利"，结果刘备把他幽闭。这一大错的铸成，诸葛亮是有难言之痛的。后来刘备兵败秭归，诸葛亮还慨叹地说："法孝直在，必能止主上东行，就复东行，必不倾危。"也即如果法正还活着，或许才能劝得了刘备不执意东征。

实际上，在刘备称帝后，魏文帝曹丕曾把众臣召集起来，让他们讨论一个问题：刘备称帝以后，还会不会出兵攻打孙吴？大多数人都认为：蜀不过是个弹丸小国，名将只有关羽。荆州之失，关羽身死军灭，蜀国一片忧惧，绝无再次对吴用兵之理。也有人持不同意见，侍中刘晔与众不同，他认为蜀国一定要出兵攻打吴国，理由是："蜀虽狭弱，而备之谋欲以威武自强，势必用众以示其有余。且关羽与备，义为君臣，恩犹父子；羽无不能为兴军报敌，于终始之分不足。”事实证明少数派的判断是对的。

刘备惊闻关羽战死，错失荆州，痛心不已。一为关羽报仇，一为夺回荆州，执意亲自挂帅东征。此时，诸葛亮的态度似有保留，应该说是顾虑重重。诸葛亮自知不能直言猛劝，便斟酌着对刘备说：“臣知陛下东征并非单为雪耻，而是为荆州。失去荆州，于陛下为锥心之痛，于臣更有泣血之伤。十四年前，臣在隆中与陛下纵谈天下三分，跨有荆益，两路出兵，定鼎中原。可惜，世事无常，荆州易手。倘若不重夺荆州，则我季汉拘于险塞山川间，被迫出险道与曹魏争秦陇，其艰苦胜过以往数倍，故而荆州争地，为国朝势在必得。可是，新朝草创，百事维新。东征之议刚下，南中便起反侧，战事骤起，后方不安。这一仗倘若速战速决，诸乱自解；若迁延胶着，祸乱久酿，恐成大难。”其一，他为刘备开脱，不指出刘备是报仇心切，而是要夺回荆州，为刘备保留了颜面。其二，虽然没有直说不赞成刘备东征，但迂回地表明此战必不能速战速决，大局为重，还是以不出征为宜。

然而，在刘备看来，此仇必报。刘备和关羽是“义为君臣，恩犹父子”的关系，关羽的分量在他的心中无人能及。前人的史论中，也有议论及此的，王船山的《读通鉴论》说：“夫先主亦始欲自强，终欲自王，雄心不戢，与关羽相得耳，故其信公也不如信羽，而且不如孙权之信子瑜也。疑公交吴之深而并疑其与子瑜之合，使公果与子瑜合，而有裨于汉之社稷，固可勿疑也。而况其用吴之深心勿容妄揣也哉！先主不死，吴祸不息，祁山之军不得而出也。迨猇亭败矣，先主殂矣，国之精锐，尽于夷陵，老将如赵云与公志合者亡矣。公收疲敝之余民，承愚暗之冲主，以向北方，而事无可为矣。公故曰鞠躬尽瘁死而后已。……向令先主以笃信关羽者信公，听赵云之言，辍东征之驾，乘曹丕初篡人心未固之时，连吴好以问中原，力尚全，气尚锐，虽汉运已衰，何至使英雄之血不洒于许洛而徒流于猇亭乎?”船山之论，简直说刘备信关羽过于信诸葛亮，这种论调，虽未免过激，但我们从事后看来，刘备此次东征，确有意气之嫌。

痛失爱将，再加上荆州之失，“隆中对”战略无以伸展，蜀汉只剩益州一地，要想雄霸天下，更是难上加难，刘备可谓灰心矣。此时与吴决裂，亦是想重新夺回荆州，使情势重新扭转到计划中的局面，挽回损失，找回希望，从这点来看，东征也并非完全意气用事。据有荆州，确保对中原进行两路夹击的钳形态势，是蜀汉的政治任务。只要能保留荆州这个战略据点，刘备可以向孙吴做出必要的妥协。现在，孙吴已全据荆州，蜀汉钳形夹击中原的政治任务已经无法完成，刘备最终选择了战争。

四、夷陵大败

公元 221 年，蜀汉章武元年七月，刚刚登基不久的六十一岁的刘备率蜀中八万精锐，分水陆两路挥师东进，杀向荆州。蜀军旗开得胜。前锋将军吴班、冯习率军沿江东下，进入三峡，在巫县（今重庆巫山北），大破吴将李异、刘阿。接着，又占领了陆逊防守的秭归，节节取得胜利。

顺流而下也有对蜀军不利的一面。大将黄权就看出了这点，他对刘备说：“吴人悍战，又水军顺流，进易退难，臣请为先驱以尝寇，陛下宜为后镇。”但刘备没有接受黄权的建议，他并没有把陆逊放在眼里，认为吴军的退却是一种胆怯的表现。

孙吴应战的对策是先是求和。孙权求和并不是害怕。当时孙吴已经得到荆州，上游的威胁已经不存在，在这种情况下，孙权自然想避免战争，希望用和平手段来解决与蜀汉的关系。但孙权并没有把希望寄托在两封求和信上，他是认真做好了战争准备的。为了对付蜀汉的兴兵讨伐，孙权布置了三道防线：第一道防线由大都督、假节陆逊负责，统率朱然、潘璋、宋谦、韩当、徐盛、鲜于丹、孙桓等五万人。第二道防线由诸葛瑾率众屯驻公安。第三道防线由孙权统兵驻守武昌。孙吴大将陆逊分析战情：“刘备长途奔袭，虽看似顺流相攻，却因战线过长，粮秣辎重运送困难，从夔门入荆州，道路崎岖，兵行艰难，我们可将山林原隰让与他，退居平地，紧守关隘，刘备不得已处于逼仄圮地，进不可攻，退不可返。他远离本国而力争疆土，本应求速战速决，我们坚守不出，背靠江表，在家门口作战，我们可耗，刘备却耗不得。时间长了，刘备师老军疲，他要么退兵回蜀，要么被我精锐击破。”

陆逊虽年轻文弱，却是一位称职的统帅，具有驾驭战争的非凡能力。他在战争开始时坚决主张退却，因为他知道三峡不宜据守，那里陆路道路崎岖，水路流急滩险，守御无险可据，且使后勤补给战线拉长，给后勤供应造成困难。而把山地峡谷让给刘备，就会使他陷入“虽有锐师百万，启行不过千夫；舳舻千里，前驱不过百舰”的被动境地。诸葛亮的担心变成了现实。

公元 222 年，即蜀汉章武二年七月，东吴大将陆逊用奇兵火烧连营，于夷陵大破蜀军。刘备紧急率残兵撤退，吴军一路穷追不舍，先下马鞍山，再破秭归，步步封堵，兵行迫近三峡，逼得刘备昼夜赶路，翻越山岭。幸而镇守江州的赵云紧急调动蜀汉精锐白毦军，百里驰援，方才解除危急，终于将吴军拦在夔门以外。《三国志·吴书·吴主传》记载：“蜀军分据险地，前后五十余营。逊随轻重以兵应拒，自正月至闰月，大破亡，临阵所斩及投兵降首数万人。刘备奔走，仅以身免。”

事实上，在刘备决意东征之时，诸葛亮就已

隐隐感觉到失败的结局。刘备伐吴，存在着许多有利于吴而不利于蜀的条件。孙吴新得荆州，据有荆、扬、交三州，地广兵众。孙吴全歼荆州关羽军队，得胜之兵，士气正盛，斗志正旺。孙吴向曹魏称臣，解除了后顾之忧，然后迁都武昌（今湖北鄂州），孙权亲自坐镇荆州，显然做出尽全力保卫荆州的架势。

蜀汉方面则不然。荆州关羽军的失败，不仅使刘备失去了一名匹敌万人的勇将和数万军队，而且也失去了跨有荆、益的大好局面，只剩下益州一地了。荆州的丢失，又引起了孟达叛变、汉水复塞等连锁反应。关羽攻不下襄樊，又得知江陵失守，急忙丢下襄樊，回军援救，他不但自己回军，还招呼刘封、孟达等人同往。刘封、孟达对收复荆州已经失去信心，又担心离开房陵、上庸、西城，会使三地得而复失，因此没有出兵援助关羽。刘封、孟达的行为，并不是违背刘备调度的大罪，所以刘备对他们只是心中不满，并未对他们采取惩治措施。但孟达深知关羽与刘备的关系，当他知道关羽兵败身死后，总担心刘备会怪罪自己。恰在这时，身为副军将军的刘封又与孟达起了矛盾，二人忿争不和，刘封甚至将孟达的仪仗鼓吹夺走。孟达既怨刘备委屈了自己，又恨刘封欺凌自己，一气之下，便投降了曹操。

夷陵惨败，刘备退到永安（今重庆奉节东），他没有继续后退，而是在此地驻下来，摆出一副随时再次东出的架势。但刘备自己也清楚，损失这样惨重，再次大规模东征，绝非一朝一夕可以做到的。就在这时候，传来了一个消息：被任为镇北将军、督江北军以防魏师的黄权，率众投降了曹操。按照律法，叛逃者家属要连坐。执法官员问刘备："是否将黄权的妻子儿女逮捕法办？"刘备摇了摇头，他知道，在夷陵之战中，是自己让黄权率军在江北防御曹军的。如今打了败仗，自己撤回来了，而黄权的退路已被吴军阻断，后退无路，不降曹魏怎么办呢？想到这里，刘备说："是我的失败导致黄将军至此，是我对不起他，他没有对不起朝廷的地方。"对于失败，刘备不归咎于别人，不迁怒于部下，不掩饰自己的过错，确实具有一代雄主的风度。都说"胜败乃兵家常事"，刘备以前也打过不少败仗，他都以豁达的态度待之，确实把它们视为"常事"。而今，他"豁达”不起来了。数万军队没了，无数军资器械丢失了，马良、张南、冯习、傅彤、程畿、黄权等将领或者战死，或者离开蜀汉，这样重大的损失，他怎能以“常事”视之呢？

五、联吴抗曹

夷陵战败后，诸葛亮最忧虑的事情依然是联吴政策的继续问题。早在夷陵之战前夕，诸葛亮的哥哥诸葛瑾就写信致刘备，让他考虑关羽与被曹丕废黜的汉帝谁更亲近，荆州与天下相比谁大谁小，曹丕和吴王谁最可仇恨。可惜蜀汉急于东征，根本不予考虑。孙吴曾写信给刘备求和，可惜刘备欲夺回荆州，坚决予以拒绝。如今，蜀、吴两国已反目成仇，战争虽然结束，但敌对关系仍存。长期敌对下去，蜀汉就多了一个敌人，兴复汉室的目标更难以实现。就在这个时候，孙吴和曹魏之间的关系又发生了新变化，这个变化为刘备、诸葛亮缓和蜀、吴敌对关系提供了契机。刘备在苦思征吴失败原因时，似乎对征吴之失有所反省，他主动给孙权写了一封信，以示和好之意。同年十二月，孙权派太中大夫郑泉到白帝城见刘备，正式表示向蜀国请和。刘备也遣太中大夫使吴，表示赞同蜀吴两国和好。

刘备在退兵白帝城后，给诸葛亮写了一封私信，只有八个字："邦畿维和，有赖卿才。"白帝城原来所在的鱼复县被他改了名字叫永安，他没有离开永安，没有离开白帝城，他在这座公孙述昔日修建的古城里留守。东吴军队在夔门外逡巡，却不敢贸然入三峡挑衅。终于，刘备病重，召诸葛亮入白帝城托孤。

而对刘备临终所言："君才十倍曹丕，必能安国，终定大事。若嗣子可辅，辅之；如其不才，君可自取。"后世之人不免有所评议。有些人以为：第一，以曹丕来比诸葛亮，简直就是对诸葛亮有所疑虑。第二，"君可自取"之言，是以自私之心度君子之腹。第三，刘备倘若信任忠贤，这种遗命是多余的；如所托非人，这种遗命益足以启篡逆之意；幸而刘禅虽然是愚弱的皇帝，却不是猜嫌的皇帝；诸葛亮也能够"检卫异端"，使君臣仍然相安，否则就会因此招致嫌隙。这种评论，如孙盛、王船山就是代表。有些人却又相反地以为：第一，这正表现刘备的大公无私，他深知后主的无能，恐误大局，故有此言。第二，这种坦白直率的遗言，足见刘备如何推重诸葛亮，可谓“君臣之至公，古今之盛轨”。陈寿的批评便是如此。如此看来，第二种意见更为确当。一来临终遗言，刘备之言应发自肺腑；二来自隆中相遇，二人一路携手创业至今，鱼水情谊真挚，生死相别，真情流露；三来刘备明白出征前诸葛亮的劝告苦心，亦明白诸葛亮因理解他而并未苦谏为难他，一路走来，崎岖坎坷，大业将成，无奈一意孤行至此，心有不甘，亦有后悔。寥寥数语，不是猜忌，而是肺腑之言，只愿将蜀汉托付于诸葛亮，以竟此生未竟之事业，这样才无愧于诸葛亮的倾心辅佐，自己半生的孜孜谋取，实催人泪下，无怪乎诸葛亮之“涕泣”而答：“臣敢不竭股肱之力，效忠贞之节，继之以死。”士为知己者死。刘备托孤，实乃对诸葛亮的无私信赖，诸葛亮怎能不肝脑涂地以报呢？

公元223年，即蜀汉章武三年四月二十四日，汉昭烈帝刘备崩于白帝城永安宫，三日后，皇帝梓宫载船返回成都。蜀汉初建，即遭此大难，先主已逝，荆州已失，如何为继？诸葛亮痛定思痛，反思再三，欲成大业，还应坚持联吴。夷陵之战以后到刘备逝世以前的八个月间，为了与孙吴改善关系，摆脱外交方面的被动，蜀汉方面曾先后派宗玮、丁厷、阴化、费祎等人出使孙吴，但蜀吴关系始终没有实质性的改善。一个突出的表现就是孙吴在与蜀汉通使的同时，仍没有断绝同曹魏的往来。蜀汉章武三年，刘备病逝，孙权派立信都尉冯熙出使蜀汉，吊唁刘备。回孙吴后，又被派往曹魏。魏文帝曹丕问冯熙："吴国若想与我和好，就应该厉兵江关，进军巴蜀，然而我却听说你们又派使节前往巴蜀。你们的主意一定变了。"冯熙说："我们往蜀汉派使节，是由于蜀汉派使节来我国，吴国不过是应付而已。并且，我们的使节还有一个任务，就是观察他们的虚实，哪里会改变主意！"冯熙的上述回答，固然是外交使命使其这样说，但同时也说明吴、蜀之间虽有往来，并无信任。为一改这种局面，诸葛亮知人善用，起用邓芝出使孙吴，重续蜀吴联盟。邓芝，字伯苗，义阳新野人，汉代大司徒邓禹的后代。刘备到新野时，邓芝早已入蜀，在刘璋巴西太守庞羲手下做事。刘备据益州以后，邓芝被任为郫县邸阁督，管理一县的粮食物资。邓芝与刘备毕竟有缘，虽然在新野二人未见，但刘备有一次到郫县发现了这个人才，“与语，大奇之”，立即提他为郫县令，以后，又任他为广汉太守。邓芝果然是个人才，治理广汉期间，政绩突出，被召入朝中任尚书。邓芝出使幸不辱命，联吴政策得以继续，为蜀汉的喘息、恢复和发展赢得了机会。

白帝城诸葛亮接受刘备的托付，深感任重道远，不敢有丝毫懈怠。他在对外联合孙吴的同时，对内也进行了一系列的治理。不仅如此，对当初想以荆州益州两路同时出兵中原的战略也做出了相应的调整。首先，不再谋取荆州，以最大的诚意与吴国重建联盟，以寻求孙吴在东线的支援与配合。其次，闭关息民，恢复元气，治理蜀汉，寻求自强，为北伐做好物资和兵源的准备。再次，平息南中叛乱，解除北伐的后顾之忧。最后，出师北伐，以图将来出关平定中原。这些战略调整在之后都被诸葛亮一一实现，他作为丞相，继续辅佐幼主，鞠躬尽瘁，用实际行动兑现了白帝领命时的诺言。

第四章 南征北战身先死 鞠躬尽瘁得人心

公元225年，即蜀汉建兴三年，丞相诸葛亮亲率五万大军南征。南征大军分为三拨，东路由马忠督领，由僰道入牂牁征讨朱褒；中路由李恢指挥，由庲降都督治所平夷县出发，经略益州郡；西路则由诸葛亮率领，平定越巂郡叛乱。三路大军彼此配合，相约在滇池会师。诸葛亮之前已为这次南征做好了充分的准备。刘备于公元223年，即章武三年病逝，刘后主当年继位，改年号为建兴，继位后，即封诸葛亮为武乡侯，开府治事。不久，诸葛亮又领益州牧，蜀汉政事无大小，都取决于诸葛亮。当时，南中各郡，并起叛乱，诸葛亮以新逢大丧，未便加兵，没有立即讨伐。而与此同时，诸葛亮却没有放慢联吴的脚步，遣使聘吴，重睦邦交。

平夷南征

新君继位，内外事务都有所安排之后，建兴三年的春天，诸葛亮才决定亲自率众南征，五月渡泸，深入不毛，所在捷战，那里的酋长孟获，声威最盛，诸葛亮七擒七纵，终于孟获诚心归服，说："我公天威，南人不敢再反了。"由是南方平安，军资兵源得大量补充，国以强富。

一、南抚夷越

南中是个什么样的地方呢？南中，是今云南、贵州、四川西南地区，古称南中，被认为是"夷、越之地"。夷、越是古人对西南少数民族的称呼。细分起来，云、贵及川南的少数民族为"南夷"，四川西部的称"西夷"。就族属而言，"西南夷"主要包括两大系统：一是"夷"，即氐羌系，属藏缅语族；一是"越"，即百越系（包括濮或僚），属壮侗语族。南中地区的少数民族，各有自己生活的地域，各有自己的生产和生活方式。《史记·

西南夷列传》有云：西南夷君长以什数，夜郎最大。其西靡莫之属以什数，滇最大。自滇以北君长以什数，邛都最大。此皆魋结，耕田，有邑聚。其外西自同师以东，北至楪榆，名为巂、昆明，皆编发，随畜迁徙，毋常处，毋君长，地方可数千里。从上述记载可知，南中地区夜郎、滇、邛都等地方的少数民族，以农耕为主，处于同师以东、楪榆以南的越巂、昆明等地的少数民族以畜牧业为主。

南中与内地中央王朝建立联系，是在秦以后。汉武帝为了控制南中，先后在这个地方建了三个郡，公元前 111 年，即元鼎六年开越巂郡（今四川西昌东南）、牂柯郡（今贵州黄平西南），公元前 109 年，即元封二年开益州郡（今云南晋宁东北）。在开此三郡之前，汉朝与南中互相交往很少，特别是滇、夜郎等国，竟不知道汉朝有多大，以至于他们的首领见到汉朝使者便问：“汉朝与我们相比哪个大?”从而留下“夜郎自大”的千古笑谈。自从设立南中三郡之后，南中与中原汉朝的联系日益密切了。

“南抚夷越”是诸葛亮的战略计划的重要一

环。早在公元 207 年，即汉建安十二年，诸葛亮“隆中对”中有言于刘备：“将军既帝室之胄，信义着于四海，总揽英雄，思贤如渴，若跨有荆、益，保其岩阻，西和诸戎，南抚夷越，外结好孙权，内修政理；天下有变，则命一上将将荆州之军以向宛、洛，将军身率益州之众出于秦川，百姓孰敢不箪食壶浆以迎将军者乎？诚如是，则霸业可成，汉室可兴矣。”在这个战略方案中，跨有荆益，已经被实现过，虽然后来丢失了荆州，战略有所调整，但全据益州，外结好孙权，内修政理也都一一变成现实，这从诸葛亮坚持联吴政策的决心和治理成都的成绩上都看得出。接下来要实践的即“南抚夷越”的理论，自诸葛亮成为受刘备遗诏辅政的顾命大臣后，他所当政的蜀汉政权，不仅统治着汉中、巴蜀，而且也管辖着南中。

“南抚夷越”，就是平定南中。平定南中对于当时的蜀汉来说至关重要。南中相当于益州的后方，蜀汉最终的战略计划是北伐进取中原，后方频频叛乱，自顾不暇，何谈出师北方。更何况原来“隆中对”中的跨有荆益，形成犄角之势夹击中原的计划已不能实现，现在只能据益州一路北伐，要保证这一路的胜利，平定南中，使后方稳定就显得更加重要了。事实上，自从蜀汉建立以来，南中就没有真正稳定过，而且形势越来越紧迫，越来越复杂。

此次南征之前，诸葛亮和刘备为稳定南中已经做了不少的工作。最突出的工作是对派往南中官员的选择非常谨慎，他们生怕由于用人不当，激化了南中与蜀汉的矛盾。第一任派往南中的官员是谁呢？是邓方。邓方，字孔山，南郡人，在荆州时便加入刘备集团，又随刘备入蜀。刘备入蜀第二年，即公元 215 年，建安二十年，改犍为属国为朱提郡（今云南昭通），任邓方为郡太守。后来，又任他为安远将军、降都督，总管南中事务。当时人评价邓方，说他“安远强志，允休允烈，轻财果壮，当难不惑，以少御多，殊方保业”。可见邓方负责南中事务是很称职的。在诸葛亮看来，邓方论才干，论品德，无疑都是统管南中最合适的人选。但即便如此，在邓方管理南中的六年中，那里也并非风平浪静。

公元 218 年，即建安二十三年，越嶲郡夷帅高定在郡内发动叛乱，派军围攻新道县（今四川屏山西）。多亏犍为太守李严率兵急救，将高定叛军打退。高定受此打击，气焰略有收敛。当时，诸葛亮为了不使事态扩大，也没有对越嶲大举征讨。公元219年，即建安二十四年，正当刘备率军在汉中与曹军鏖战正急时，孙吴左将军、领交趾太守士燮引诱益州郡大姓雍闿等，煽动郡人叛离蜀汉，一时郡内叛乱汹汹。此外，越嶲、牂柯也出现了动荡不安的迹象。诸葛亮此时本应该镇守成都，为刘备汉中前线输粮补给，但为了兼顾南北，却不得已曾一度屯驻于地处越嶲、益州、牂柯之间的江阳（今四川泸州），以便震慑并随时采取措施。不久，益州郡大姓雍闿的活动越来越猖獗，他不但杀害了郡守正昂，还不断派人与孙吴联络。为了阻止雍闿与孙吴接近，诸葛亮又派成都人张裔任益州郡守。雍闿见张裔到任，又用迷信手法煽动少数民族说："新来的张太守，就像个用葫芦做的壶，外表虽光滑而内里粗糙。鬼神命令你们不要杀他，把他绑起来送到吴国去。"这桩桩件件，足以说明南中暗潮汹涌，并未归心于蜀汉，随时都有叛离的可能。

雪上加霜的是，公元221年，即蜀汉章武元年，庲降都督邓方逝世，南中负责人的人选又成了大问题。那么，以诸葛亮之政治远见，他为什么不在进取成都后早早平定南中，彻底解决南中问题，以统一整个益州地区呢？这主要还是因为无暇顾及。平定成都后，北方要与曹魏争夺汉中，东方又要与孙吴争夺荆州，这些是要处理的头等大事，南中问题，当时的策略是保守性的，要紧的是要暂时把局面维持住。试想，如果南面再分出兵力武力讨伐，刚刚进取益州的刘备阵营吃得消吗？

邓方在任期间虽仍有各种叛乱，但整体来看并非因此影响蜀汉当时的大局，诸葛亮也清楚，能做到这一步，已经不容易了。邓方去世后，第二任管理南中的人选成为诸葛亮的心头大事。最终，他与刘备商议，要派一个叫李恢的人去。李恢出身于南中大姓，是建宁俞元县（今云南澄江）。在刘璋任益州刺史时，李恢任建宁郡督邮。李恢不仅是南中大姓，他的亲戚也是大姓。他的姑父爨习就是南中著名大姓爨氏家族首领。爨习任建伶（今云南晋宁）县令时，有违法之事，李恢也因此受到牵连，按理都应被免官处理。那时董和任郡太守，他为了利用大姓稳定南中，没有将他们免职。后来，董和还把李恢推荐到成都任职，李恢走到半路，正赶上刘备进攻刘璋。他知道刘璋难成大事，便改道北上，投奔刘备。在绵竹遇到刘备后，又随刘备至雒城。刘备派他到汉中联络马超，他便说服马超，一同为攻下成都尽力。李恢的身份、才能、忠诚，得到了刘备的重视、赏识和信任。刘备为益州刺史时，任李恢为功曹书佐、主簿。有人污蔑李恢谋反，刘备不信，不但不予处罚，反而迁其为别驾从事。李恢有南中大姓的身份，有治理地方的才能，对蜀汉忠诚不二，是接任邓方理想的人选。事实证明，李恢没有辜负诸葛亮与刘备的期望，不仅能镇守南中，在诸葛亮南征时，还亲率中路军配合战斗，为平定南中做出了非常大的贡献。

二、后顾之忧

是不是只有蜀汉才有后方不宁的问题呢？其实，家家都有本难念的经。三国时，魏、蜀、吴三地，都有土著的部族为患，常常作乱；平定这种内患，往往要费很大的气力。当时，魏的土著部族是乌桓、鲜卑，即所谓东胡。吴的土著部族

是武陵蛮，即所谓山越。而蜀的土著部族，就是南方的蛮夷。这些野悍土著部族的扰患，是当时三国的内在之忧，魏、蜀、吴要逐鹿中原，统一大局，必得先解决边境或内地土著部族的问题，或加以剿击或加以抚安，使国内绥靖，无后顾之忧，才能够向外发展，用兵于外。

魏国的乌桓、鲜卑在汉末大乱时，占据汉南一带，时时蠢动，曹操毕竟是一个有才略的政治家和军事家，他早就准备解决乌桓，肃清北边之患，在他追击袁尚时，便因利乘便，迅速用兵乌桓，马上解决了边患的难题，还把乌桓之众数万人搬到魏国内地，参与兵役，以致后来成为五胡乱华的祸根。吴国的山越，屡剿屡起，终东吴之局，时时作乱，难以平定，东吴所消耗于应付这些边患的人力、物力不可胜数，这也是使东吴始终受了牵制，陷于守势，无法向外伸展，受屈于魏蜀的最大原因。

我们看《三国志·吴书》各传，提及山越作乱的叙述很多。丹阳一地，就是当时邻接山越部族的一个要冲，做丹阳太守的人，简直要全副精神用来对付山越。诸葛瑾的儿子诸葛恪，军功甚盛，名噪一时，就是因为他做丹阳太守，平山越有功，曾被封为威北将军。这种土著部族，确使东吴感到棘手。丹阳、吴郡、会稽、新都、鄱阳各地山谷万重，都是山越的盘踞地，因为他们有险可恃，相时而动，很难给他一鼓荡平。史书描写他们是："恃阻不宾，历世缓则首鼠，急则狼顾。"《三国志·吴书·诸葛恪传》说："俗好武习战，高尚气力，其升山赴险，抵突丛棘，若鱼之走渊，猿狖之腾木也。时观间隙，出为寇盗，每致兵征伐，寻其窟藏。其战则蜂至，败则鸟窜，自前世以来，不能羁也。"如此好战又不可约束，有时也就要对他们有所顾忌，有所迁就。《三国志·吴书·贺齐传》："齐少为郡吏，守剡长，县吏斯从轻侠为奸，齐欲治之，主簿谏曰：'从，县大族，山越所附，今日治之，明日寇至。'"后来贺齐杀了斯从，从族果然纠众举兵攻县。可见山越的嚣张。这种山越为患的记载，《三国志·吴书》不绝于书，不必再引。总之，东吴的声势所以不如魏蜀，屈守一隅而不能向外发展者，正是受了山越的牵制。陆逊初出的时候，便对孙权说："山冠旧恶，依阻深地，夫腹心未平，难以图远。"

孙权也对张温说过：“若山越都除，便欲构蜀。”东吴的腹心之患在山越，所以不能图远者也正为了山越。

蜀国的南蛮，主要是指蜀边境滇南一带以达缅甸的土著部族——僰夷，即今日的摆夷。当时很是强悍。诸葛亮要北伐出师，必须先绥靖外围。诸葛亮的南征和曹操的伐辽东，都是为了肃清边患。

更为复杂的是，这种土著部族的内患，也并非完全是一种朴素的山野民族的蠢动，他们的叛乱也卷入了三国之间互相离间制衡的复杂政治关系。各国对本国以外的土著部族，多暗中勾结，煽动他们作乱，以收牵掣敌国之效；对国土内的土著部族则极力剿抚，而对敌国的土著部族即唯恐其不乱。据《三国志·吴书·陆逊传》载：丹阳贼帅费栈，受曹公印绶，扇动山越，为做内应，权遣逊讨栈。栈支党多而往兵少，逊乃益施牙幢，分布鼓角，夜潜山谷间，鼓噪而前，应时破散。这是曹魏对孙吴后方的煽动，目的在于牵制孙吴。据《三国志·吴书·孙权传》载：是岁，刘备帅军来伐，至巫山、秭归，使使诱导武陵蛮夷，假与印传，许之封赏。于是诸县即五谿民皆反为蜀。这是刘备东征孙吴时策反孙吴所占之地蛮夷的证据。据《汉晋春秋》载：亮围祁山，招鲜卑轲北能，北能等至故北地石城以应亮。由此可见，当时各国都在利用对方的土著部族，作为内应。这是一种常见的牵制对方的军事手段。

如此看来，诸葛亮之所以要千辛万苦出兵南征，剿抚蛮夷，不只是平定一地的叛乱，更是为在将来的两军对垒中不因后方被策反陷入被动，两头被钳制，丧失作战有利形势，是为北伐及平天下之大业计。“西和诸戎”，诸葛亮没有费多大力量；“南抚蛮越”，却是一件艰巨的工作。“五月渡泸，深入不毛”，以炎夏的天气，出征烟瘴之地，行军的苦况自可想及，具见诸葛亮克服困难的勇气和精神。

三、威德并用

对于这种土著部族的绥靖政策，方法不外两种，一是剿，一是抚。剿击是临之以威，招抚是临之以德。仅仅是临之以威，痛加剿击，也还不是根除祸患的方法，过时不久，依然会滋扰作乱。临之以威之后，必须抚之以德。曹操解决乌桓的办法，剿击之后，徙其众数万于内地，这是削弱其根本势力的一种根除祸患的办法。东吴对于山越，大抵剿多于抚，山越不断滋扰，孙权不断调兵遣将剿击，终于没有多大效果，诸葛恪自告奋勇，求为丹阳太守，他稍稍用抚慰的方法，所以颇见功效。诸葛亮的南征，是威德兼施以抚为主的。据《三国志·蜀书·马谡传》裴松之注引《襄阳记》所载："亮征南中，谡送之数十里。亮曰：'虽共谋之历年，今可更惠良规。'谡对曰：'南中恃其险阻，不服久矣；虽今日破之，明日复反耳。今公方倾国北伐以事强贼，彼知官势内虚，其叛亦速，若殄尽遗类，以除后患，既非仁者之情，且又不可仓卒也。夫用兵之道，攻心为上，攻城为下，心战为上，兵站为下，愿公服其心而已。'亮纳其策，赦孟获以服南方。"马谡这一番话是建议诸葛亮此去南征要以"心战为上"，即要以"抚"为主，这自然是对的。但诸葛亮早已成竹在胸，这从他早在隆中时所定"南抚夷越"，而不是"南伐夷越"就可以看出来。看来马谡的所谓良计不过是与诸葛亮的计划不谋而合而已，而不是诸葛亮心中无所打算，听了马谡的话后才有主意的。

试看诸葛亮此次南征的记载就知道他确是威德并施的，最能体现他“剿”之外的“抚”的政策的就是收孟获一事。据张栻《汉丞相诸葛忠武侯传》记载：“武侯出师至南，首表吕凯、王伉执忠守义，拜凯为云南太守，伉为永昌太守。并封亭侯。然后进兵越巂，所在战捷，遂斩雍闿、高定。惟孟获收闿余众相拒，孟获素为髳汉所服，亮募生致之。”对于雍闿、高定等顽固抵抗分子，应对的方法是“剿”，以威慑其众。而对于孟获这样的在蛮夷中颇得人心的首领就要用“抚”。据《三国志·蜀书》裴松之注引《汉晋春秋》所载：亮在南中，所在战捷，闻孟获者，为夷、汉并所服，募生致之，使观于营阵之间，问曰：“此军何如?”获对曰：“向者不知虚实，故败；今蒙赐观看营阵，若只如此，即定易胜耳。”亮诺。从使再战，七纵七擒，而亮犹遣获，获止，不去，曰：“公天威也，南人不复反矣。”七擒孟获的故事脍炙人口，成为民间普遍的传说，甚至缅甸人至今提起诸葛亮也还敬畏之至。感化之大，影响之深，可以想见。孟获之人是存在的，诸葛亮与孟获的战争也是有的。孟获的投降，一是因为迫于强大的军事压力，二是诸葛亮不失时机地对孟获发动了心理攻势，正所谓“心战为上”，最终收服其心，为己所用。

诸葛亮南征“心战”战略还表现在南中平定后对是否驻兵留守的问题处理上。假如驻兵留守，一来南中离巴蜀颇远，粮运不便；二来汉、夷相处未必能很融洽，恐怕会生纷扰。但若不设官驻管，控制也成问题。当时刚刚平定，有人主张驻兵监守，诸葛亮却自有定见，凯旋时不留一将一兵，他不同意驻兵置官的主张，他说：“若留外人，则当留兵，兵留则无所食，一不易也。加夷新伤破，父兄死丧，留外人而无兵者，必成祸患，二不易也。又夷累有废杀之罪，自嫌衅重，若留外人，终不相信，三不易也。今吾欲使不留兵，不运粮，而纲纪粗定，夷、汉粗安故耳。”不留一将一兵，却又如何使平定后的南中局面稳定，不至于重新恶化呢？诸葛亮的办法是“以夷制夷”，即将土酋的头目都加以委派，厚意抚慰，使其输诚心服。事实证明诸葛亮的意见是很对的。利用土酋头目来控制他们自己的部曲，果然收到效果，南人不再反叛。诸葛亮对南中地区民心的征服，也是一个比军事征服更长的过程。这个过程，既包括他在军事征服中的攻心战术，也包括他在战争结束后的一系列开明政策。

即使在与诸葛亮同时的汉末三国时期，其他政权的统治者对周边及境内的少数民族也是重武力镇压而轻心理征服的。但我们观察诸葛亮在南征战争中，除了杀人流血之外，还有爱惜生命，尽量争取少死人的一面。比如，对待高定那样“恣睢”妄为的叛乱魁首，诸葛亮在对他们进行军事打击的同时，还希望他“归首以取生”。宋代高承《事物纪原》中还记载这样一件事：诸葛公之征孟获，人曰：“蛮地多邪术，须祷于神，假阴兵以助之，然其俗必杀人以其首祭，则神享为出兵。”公不从，因杂用羊豕肉，而包之以面，像人头以祀，神亦享焉，而为出兵。后人由此为馒头。《事物纪原》虽为宋人所记，但这个馒头故事是可信的。因为它所反映的对人的生命的爱惜，符合诸葛亮的为人。南中问题自始至终，对诸葛亮而言，不是以武力讨伐剿灭为目的，而是要人心归服，长久治安，为蜀汉政权保证一个稳定的后方环境。更何况这个后方还可以一定程度地解决军需物资及兵源的补给问题。

四、肃清边患

诸葛亮平夷南征不只解决了蜀汉的后顾之患，还有一种好处，就是经济上的收获。《三国志·蜀书》有云：“亮率众南征，其秋悉平。军资所出，国以富饶。”为什么平南反而富饶呢？诸葛亮《将苑十五篇》里提到南夷曾说：“居洞依山，或聚或散。西至昆仑，东至洋海，产奇货。”据张栻《汉丞相诸葛忠武侯传》载：“悉收其豪杰孟获等，以为官属，出其金银丹漆，耕牛战马，以给军国之用。”除了收获大将孟获等，还收获了很多军需物资。其次的收获，是兵源得以补充。平南之后，据《华阳国志》载：“移南中劲卒青羌万余家于蜀，为五部，所当无前，号为飞军，分其羸弱，配大姓焦雍娄爨孟量毛李为部曲，置五部都尉，号五了。故商人言四姓五子也。”这些土著部队，善于爬山战，所以称为飞军。孟获后来官至御史中丞，爨习、朱提、孟琰等一班人也都做起汉官来，北伐之师中也有不少蛮夷部队参加，并立下奇功。

值得一提的是，关于诸葛亮南征行军的路线，后人的考证，颇有不同，“五月渡泸”的泸水所在，也各有所指。有人以为“深入不毛”一语，不毛即今缅境“八莫”之音译，尚难确证。有人以为系泸州，以常璩《华阳国志》考之，是在越巂之地无疑。大概泸水就是现在的鸦砻江，鸦砻江和金沙江是汇流的，所以也有人说泸水就是今日的金沙江。据张栻《汉丞相诸葛忠武侯传》所载，诸葛亮南征，最初“进兵越巂”，越巂即今之西昌，为云南边境。越巂平定后，表吕凯为云南太守，王伉为永昌太守。永昌为今之保山。“遂至滇池”，滇池即今之昆明。诸葛亮南征，实是平定云南各地的摆夷。先由水路渡过泸水，入姚安，这本来是秦朝通滇的路线。据杨升庵《滇记》（又名《滇载记》）说：“中州通滇有三路。自邛雅、建昌、会川，渡金沙江，入姚安、白崖，曰古路，秦常额略通五尺道，武侯南征，乃大辟焉。”诸葛亮正是从这古路进军。

诸葛亮出征之前曾对后主刘禅说：“思惟北伐，宜先入南。”点明了南征的目的还在于北伐，因此宜速战速决，为尽快北伐做足准备。不论是从稳定后方的角度，还是从物资、兵源补充的角度，南征都需要谨慎对待。稍有不慎，后果不堪设想，大业难以为继。因此，诸葛亮十分重视平夷南征的行动，这从他亲自率兵出征就可以看得出来。

但是，在出征前，蜀汉政权内部对南征并无异议，对谁领兵去打却是有不同意见的。比如王连就曾进言相劝，理由是南中是不毛之地、疫疠之乡，我们现在的处境是先遭兵败又遇大丧，如今举国之望，全在丞相身上。亲自领兵出征若有闪失，将置北伐曹魏大业于何地？王连的话不是没有道理，征讨南中的确有很大的危险，军事上的冲锋陷阵自不必说，那里的自然条件也极其恶劣，对于不熟悉、不适应南方气候的北方人来说，仅那里的瘴气就很可怕。据说瘴气剧毒，人触之便死。传说西南夷地区有大湖，名曰禁水，水中有毒气，湖中还刺刺地往外喷毒气。木石被它喷中，会破裂；人若被它喷中，会立即死亡。人们都管这东西叫"鬼弹"。对于这些传说，诸葛亮当然不陌生。

但诸葛亮仍执意要亲率出征，一来是因为个

人生死利害，他早已置之度外，特别是白帝领命后，他已经报有为蜀汉大业“效之以死”的信念了；二来是除了自己之外，没有合适的人选。如上所论，平夷南征，“抚”为主，“剿”在其次，能于不毛之地对不熟悉的少数民族武装力量实施威德兼施的战略的人非有大气度大胸襟大谋略不可，试看当时蜀地人才，堪此大任者谁？这考验的不只是一个将领的军事才能高超与否，“攻心”关键还要有卓绝的政治才能。“五月渡泸，深入不毛”，我们作为后人一方面佩服诸葛亮的勇气和谋略，一方面也能体会到“事必躬亲”的诸葛亮的为难之处。不论如何，经此南征，诸葛亮已经做足了挥师北伐的准备，蜀国也摆好了要与曹魏一决天下的阵势，当初隆中时的约定，刘备的遗命：雄霸天下，汉室可兴，能否实现，在此一战，诸葛亮似乎志在必得。

北伐抗魏

公元 227 年，即蜀汉建兴五年春，诸葛亮率军北上，在汉水北面的阳平关（今陕西勉县西郊）、石马城（今陕西勉县东）扎下大营，屯兵于汉中。

临行，诸葛亮上表详陈时势，并以亲贤臣远小人，宫中府中之事以咨询何人为宜进言，情词恳切，具见忠忱。这就是世所习诵的“出师二表”的前《出师表》：

先帝创业未半而中道崩殂，今天下三分，益州疲弊，此诚危急存亡之秋也。然侍卫之臣不懈于内，忠志之士忘身于外者，盖追先帝之殊遇，欲报之于陛下也。诚宜开张圣听，以光先帝遗德，恢弘志士之气，不宜妄自菲薄，引喻失义，以塞忠谏之路也。

宫中府中，俱为一体；陟罚臧否，不宜异同：若有作奸犯科及为忠善者，宜付有司论其刑赏，以昭陛下平明之理；不宜偏私，使内外异法也。

侍中、侍郎郭攸之、费祎、董允等，此皆良实，志虑忠纯，是以先帝简拔以遗陛下：愚以为宫中之事，事无大小，悉以咨之，然后施行，必能裨补阙漏，有所广益。

将军向宠，性行淑均，晓畅军事，试用于昔日，先帝称之曰“能”，是以众议举宠为督：愚以为营中之事，悉以咨之，必能使行阵和睦，优劣得所。

亲贤臣，远小人，此先汉所以兴隆也；亲小人，远贤臣，此后汉所以倾颓也。先帝在时，每与臣论此事，未尝不叹息痛恨于桓、灵也。侍中、尚书、长史、参军，此悉贞良死节之臣，愿陛下亲之、信之，则汉室之隆，可计日而待也。

臣本布衣，躬耕于南阳，苟全性命于乱世，不求闻达于诸侯。先帝不以臣卑鄙，猥自枉屈，三顾臣于草庐之中，咨臣以当世之事，由是感激，遂许先帝以驱驰。后值倾覆，受任于败军之际，奉命于危难之间，尔来二十有一年矣。

先帝知臣谨慎，故临崩寄臣以大事也。受命以来，夙夜忧叹，恐托付不效，以伤先帝之明；故五月渡泸，深入不毛。今南方已定，兵甲已足，当奖率三军，北定中原，庶竭驽钝，攘除奸凶，兴复汉室，还于旧都。此臣所以报先帝而忠陛下之职分也。至于斟酌损益，进尽忠言，则攸之、祎、允之任也。

愿陛下托臣以讨贼兴复之效，不效，则治臣之罪，以告先帝之灵。若无兴德之言，则责攸之、祎、允等之慢，以彰其咎；陛下亦宜自谋，以咨诹善道，察纳雅言，深追先帝遗诏。臣不胜受恩感激。

今当远离，临表涕零，不知所言。

《出师表》是诸葛亮出师临行伐魏前写给后主刘禅的奏章，表文情意真切，感人肺腑。诸葛亮首先分析了蜀国在当时所处的现实情况：天下虽然已经三分，但据益州的蜀国是三国中最弱小的，若抱着偏安一隅的想法不思进取，早晚难免被他人覆灭的命运，因此，现在正值“危急存亡”之际，那该如何挽救蜀国于危亡之中呢？

这要从内外两个方面来说。就内修政理而言，以恳切的言辞，劝说后主要继承先帝遗志，开张圣听，任人唯贤，远离小人，坚持有法必依，赏罚严明，不要有偏私，使蜀国内政清明，可保内之不乱。就对外事务而言，已四十八岁的诸葛亮追忆了自和先主刘备隆中相遇以来的遭际，进而谈到自隆中出山以来与刘备共图的大业：雄霸天下、兴复汉室，结合南征后蜀国的现实条件，他认为此时应该奖率三军，北定中原，并自荐担任此项对外政策的执行人。

最后他又表明北伐抗魏的决心，亦大有“不破曹魏终不还”之意。后主刘禅是在荆州出生的，诸葛亮也算是看着他长大的，从辅佐他继位后，刘禅事事仰仗丞相，颇有依赖之意，尤其是刘备临终要他像对待父亲一样对待诸葛亮，不论是就国家大局，还是从个人感情而言，刘禅是很舍不得诸葛亮离开的。因此，表文中诸葛亮一再表明北伐势在必行，为不辜负先主的嘱托，也必要亲率三军；并点明内政诸人可供驱策以安刘禅之心。而文末“今当远离，临表涕零，不知所言”则是诸葛亮对后主刘禅一种个人感情的流露。刘禅最终同意诸葛亮率军北伐。亦由此，拉开了诸葛亮六次北伐大战的序幕。

一、战前准备

诸葛亮为了北伐抗魏做了哪些准备工作呢？平定南中是第一步。由于南征的胜利，南中地区实现了纲纪粗定，夷夏粗安，郡守县令各司其职，大姓渠帅各尽其守，蜀汉朝廷不用再担心南中大规模叛乱的发生，不用分出很大的军事力量去维持后方的稳定。公元226年，南征归来，征尘未洗的诸葛亮为出师还做了以下几项准备：

首先，继续与孙吴敦睦邦交，争取孙吴的东线支持。自放弃与孙吴争夺荆州之后，孙吴方面已显出与蜀汉重结旧好之诚意。早在公元224年，即建兴二年，当蜀汉使者邓芝再次来到孙吴时，双方已经是开诚布公，坦诚相见。在解释孙吴为什么要与曹魏结好时，孙权对邓芝说：“吴国因山民作乱，江边守兵撤回去很多去对付山民，边境力量虚弱，因此很担心曹魏乘虚而入。不料曹魏不但没有来攻，反而寻求和好。众臣都认为如今我们内有民乱，答应与魏和好，于我有利。但我又担心蜀汉不明吾心，对我产生猜疑。我吴国土地边外，间隙万端，而长江巨海，皆当防守。曹魏对我虎视眈眈，伺机而动，我怎能忘此主要危险而另有所图呢?”孙权这番话的意思是联魏是迫于形势需要，被动之举，联蜀则不同，蜀吴一向交好，共同的敌人是曹魏，孙吴方面是主动愿意联蜀的，这也向蜀汉表明了他对魏国和蜀汉的截然不同的态度。

事实上，自从诸葛亮准备北伐以来，孙吴在

东线就采取了配合的态度。为了取得孙吴对蜀汉北伐行动的配合，诸葛亮又给孙权写信，约他从东线出兵，信中说：汉室不幸，王纲失纪，曹贼篡逆，蔓延及今，皆思巢灭，未遂同盟。亮受昭烈皇帝寄托之重，敢不竭力尽忠。今大兵已会于祁山，狂寇将亡于渭水，伏望执事以同盟之义，命将北征，共靖中原，同匡汉室。书不尽言，万希昭鉴。意思是说，我们共同的敌人是曹魏，我要与曹魏正面对决，让我们再次联盟，以期歼灭曹贼，取得胜利。

公元 226 年，即曹魏黄初七年八月，孙权率兵攻打曹魏江夏郡（今湖北云梦西南），守江夏郡的是曹魏大将文聘。当时大雨滂沱，城栅崩坏，百姓散在田野，来不及修补。在这种情况下，文聘决定用潜默之计疑惑孙权。他下令城中人全部藏匿起来，使孙权看不到城中有人，自己则卧舍中不起。孙权果然疑惑，对其部下说：“北方人都说文聘是忠臣，所以把江夏郡交给他镇守。如今我来而他不动，这不是他有密谋，就是有外兵相救。”便止兵不前。恰在此时，曹魏派出慰劳边境的治书侍御史荀禹来到江夏，他调发了所经县的兵力和随从自己的步骑乘山举火，孙权见了，害怕中计，急忙退走。与此同时，孙权还派诸葛瑾、张霸等人进攻襄阳、寻阳等地，魏明帝急派司马懿、曹真等分别率兵抵御。孙吴对曹魏发动的这些进攻，正是诸葛亮屯兵汉中的前一年。这些进攻虽未取得胜利，却表明了孙吴与诸葛亮东西配合的态度。

其次，分析曹魏内部矛盾，把握北伐有利战机。曹魏当时的情况是怎样的呢？公元 226 年五月，曹丕病逝，死前遗命中军大将军曹真、镇军大将军陈群、征东大将军曹休、抚军大将军司马懿四人共同辅佐新即位的明帝曹叡。曹丕生前十分信任曹真，有意提拔他主持朝廷军务，所以因人设职，特意为他设置了中军大将军名号，以向大将军过渡。这种做法引起了曹氏宗族另一个人的不满。这就是曹休，他对曹真地位高于自己很不服气。无论诸葛亮是否了解曹魏政权内部的这种矛盾，他都敏锐地感到，在新皇旧主交替之际，常常是各种积压已久的矛盾爆发的时期，也是对这个政权进行征伐的好机会。

更何况当时曹魏任命的关中守将是大将夏侯

惇的儿子夏侯楙。夏侯楙与曹氏关系特殊，他娶了曹操的女儿清河公主为妻，是曹操的女婿。不但如此，他还与曹丕关系很好，所以，曹丕一即位，便任命夏侯楙为安西将军，持节，都督关中。但是，据说，夏侯楙性无武略，怯而无谋，军事上没什么本事，但为自己营置家产私财却有一套。不但如此，他还喜好女色，蓄养了很多妓妾，为此，清河公主常常与他闹得不可开交。可以说，曹魏关中守将任非其人，而这正是蜀汉北伐的又一个有利条件。

而令诸葛亮非常意外的是一位曹营守将——孟达的态度。孟达这个人对蜀汉来说并不陌生，当年刘璋派遣两人领兵四千迎刘备入川抗击张鲁，一人是法正，一人就是孟达。刘备进取益州后，孟达顺理成章效命于刘备。在刘备兵定汉中之时，他和刘封等进而连攻三郡，并在那儿驻守。后来关羽兵败，他未及时派军救援，因担心刘备严惩，加上与刘备义子刘封不和，就投降了曹魏。诸葛亮南征班师凯旋，走到汉阳时，就听说魏新城太守孟达有叛魏降蜀之意。如何应对呢？此时的新城，已经没有了当初诸葛亮跨有荆益、打通汉水时的重要地位。那时候，蜀汉跨有荆、益二州，荆州一路军队，担负着北攻襄樊的任务，而占领新城打通汉水，循汉水东下，南可附襄樊之背，有着配合荆州军的意义。那时候，曹魏的都城还设在许昌，从新城沿汉水东下，越过襄樊，再东北行可直指南阳，进围许昌。而现在，荆州已不再归蜀汉所有，进攻襄樊的荆州军已全军覆没，曹魏的政治中心也已经从许昌移到洛阳，不论从哪一方面讲，新城的战略地位已今非昔比。

更何况，孟达是个反复无常之人，他最早追随刘璋，后又叛离刘璋归附刘备，以后又背刘备投降曹魏，如今又要背魏归蜀。很多人都认为孟达不足信，劝诸葛亮不要理他。然而，诸葛亮仍对此消息感到振奋不已，这倒不仅仅是因为蜀汉之重得新城和孟达，而是因为诸葛亮通过这个消息看出了曹营内部的矛盾，这种矛盾正可为蜀汉北伐曹魏所利用。

于是，诸葛亮亲自给孟达写信，信中说：“我去年南征，年底才返回成都。在当阳遇到李鸿，从他那儿知道足下仍怀有效命蜀汉之心，不禁慨然长叹。想足下平生之志向，岂是只为名声荣华而背叛蜀汉之人！唉，孟君，这全是刘封欺负你，损害先帝宽厚对待人才所致。此外，李鸿还叙述了你不信王冲挑拨离间之谎言的情形，说明你知吾心。品味你表明心迹之言，追怀我们共辅先主之谊，我真是依依东望，思念不已。仅以此信表吾心迹。”不仅如此，他还让李严写信给他劝降。李严，字正方，与诸葛亮同为刘备临终前的托孤重臣。刘备死后镇守永安，为了保证北伐的胜利进行，诸葛亮转任李严为前将军，让他从永安移屯至江州，处理后方事务。李严给孟达写信说：吾与孔明俱受寄托，忧深责重，思得良伴。

两个蜀汉最有权力的辅佐大臣，分别给孟达写信，促使他下定决心背魏归蜀，此后多次与蜀汉秘密通信，图谋叛离曹魏。策反孟达相当于在曹营安置了一个内应，一旦起兵，可出其不意，内外呼应，取得出奇制胜之效。可惜的是，孟达这支力量没能最后在北伐战役中发挥预想的作用。自从孟达决定重回蜀汉怀抱后，就一直做着起事的准备。诸葛亮原来的布置是：让孟达举事与自己出兵同时进行，借孟达的力量配合自己北伐。诸葛亮知道，越是举事的日期临近，越需要小心谨慎。他写信嘱咐孟达，要小心从事，尤其要警惕屯驻宛城负责南部事务的司马懿。不料孟达却满不在乎，他给诸葛亮回信说："宛城离洛阳八百里，离我新城一千二百里。司马懿知道我举事，首先要请示魏帝，等他得到批示再发兵到我这里，起码要用一个月。一个月内，我城已固。况且，我所在深险，司马懿不可能亲自前来。若是别的将领来，我一点也不害怕。"就在诸葛亮屯兵汉中这年年底，孟达谋反之事败露。司马懿星夜兼程，仅用了八天便赶到新城，又用了十六天将新城攻克，诛杀了孟达。

再次，诸葛亮还在曹魏后方煽动叛乱，欲使曹魏自顾不暇。曹魏的北方及东北方，居住着乌丸、鲜卑等少数民族。曹魏政权对他们的政策远不及诸葛亮对南中那样开明，从曹操时就对乌丸进行征伐，在用武力将他们征服后，又对他们实行强制性的统治。曹操时，陈郡柘县人梁习任并州刺史。梁习到任后，对于太原乌丸的上层人物加以笼络，举荐他们到军府中去任职。对于下层群众，则选其强壮为士兵。每当大军出征时，这些少数民族部众不是当兵就是做苦力。为了防止他们逃跑，梁习还把这些士兵的家属送到曹魏当时政治中心邺城（今河北临漳西南）作为人质。

在梁习任并州刺史期间，曾发生过这样一件事：公元 219 年，曹操从汉中撤军，回到长安。曹操在离开长安时，为了防备卢水胡人，便把太原乌丸王鲁昔留在了池阳（今陕西泾阳西北）。鲁昔是晋阳（今山西太原西南）人，跟曹操远征汉中已经吃够苦头，如今又被留在池阳，回家的日子变得遥遥无期了。鲁昔有个漂亮的妻子，留在晋阳家中。鲁昔想家，更思念爱妻，他恐怕今生今世再难见到爱妻了，便不顾曹魏森严的军令，带领五百手下骑兵，偷偷溜回晋阳，准备将妻子偷出去，一同逃走。快到晋阳时，鲁昔为了不使目标太大引起曹军的注意，便把五百骑兵藏在山谷中间，自己单骑潜入城中，回到家里，把妻子带了出来。由于时间仓促，来不及寻找马匹，鲁昔夫妇便骑在一匹马上。尽管二人已改了装扮，但两人骑一匹马毕竟容易引起注意，出城时，有的人看出了这一马上的二人是鲁昔和他的妻子。鲁昔善射箭，他的箭法在晋阳地区是有名的，曹兵畏惧，不敢去阻拦，更不敢去追击，只能眼看着他出城后再向梁习报告。梁习听到这个消息后，便命从事张景带着招募来的鲜卑骑兵随后追赶。鲁昔两人一匹马，骑重行迟，追兵一人一骑，风驰电掣。鲁昔还未来得及与山中五百骑兵会合便被追上，一阵乱箭之后，鲁昔夫妇双双中箭身亡。这足以表明曹魏的后方，虽经武力征服，然而人心并未被收服，诸葛亮便相机制宜，试图挑起叛乱，以乱曹军之阵脚。

最后，低调屯兵汉中。诸葛亮之所以屯兵汉中，还是和其地理位置有关。汉中位于益州北部边陲，西通陇右，南控巴蜀，北屏秦岭，东抵荆襄，进可借山径达秦陇争关中，退可凭山险安于“独守之国”。故顾祖禹说：“巴蜀之根本，实在汉中。”“巴蜀之重在汉中。”这里有发达的农业生产。这里山环水抱，气候温和，雨量充沛，水源丰富。早在刘邦做汉中王时，就令萧何开堰建塘，兴修水利设施。刘邦与项羽争战时，汉中成了刘邦供给军粮的后方基地。至今，汉中还存有当年萧何修建的“山河堰”“流殊堰”“王道池”“小道池”“顺池”“草池”“月池”“南江池”等水利设施。这里地处北伐曹魏的前线。有几条道路可达关中陇右：进入秦岭，沿子午谷道向北行六百六十华里，便可到达长安以南；进入秦岭，沿褒斜谷道向北行四百七十华里，便可到达陕西扶风以南；西出阳平关北上，经故道、散关，便可进入陇东；西出阳平关西北行，经略阳、成县，便可到达祁山。可谓是屯兵北伐的战略要地。

诸葛亮屯兵汉中的消息传到曹魏，立刻在曹魏朝中引起强烈的反应。很多人主张派大军征讨蜀汉，魏明帝也想下诏出兵。也有人不同意，对魏明帝说："昔武皇帝征南郑，取张鲁，阳平之役，危而后济。又自往拔出夏侯渊军，数言'南郑直为天狱中，斜谷道为五百里石穴耳'，言其深险，喜出渊军之辞也。又武皇帝圣于用兵，察蜀贼栖于山岩，视吴虏窜于江湖，皆挠而避之，不责将士之力，不争一朝之忿，诚所谓见胜而战，知难而退也。今若进军就南郑讨亮，道既险阻，计用精兵又转运镇守南方四州遏御水贼，凡用十五六万人，必当复更有所发兴。天下骚动，费力广大，此诚陛下所宜深虑。夫守战之力，力役参倍。但以今日见兵，分命大将据诸要险，威足以震慑强寇，镇静疆埸，将士虎睡，百姓无事。数年之间，中国日盛，吴蜀二虏必自疲弊。”他的意思是，考虑到曹操上次征讨汉中张鲁时的艰苦，不应大举兴兵，不要理会诸葛亮屯兵汉中，只需分据险要，休养将士，等待敌人自疲。确实，曹操阳平关之战险胜表明从关中进军汉中，即自北向南，因道路艰险，是非常不容易打胜仗的。另外，这番话还有劝魏明帝“先求文治，后建武功”之意。

自公元 218 年，即建安二十三年蜀汉与曹魏在汉中发生激战以后，十多年来，蜀汉一直没有和曹魏发生过军事冲突，特别是刘备去世后，蜀汉闭关息民，寂然无声。诸葛亮屯兵汉中，最终也没引起曹魏在西线部署的变动，说明曹魏并不了解诸葛亮屯兵汉中的战略意图，这正有利于诸葛亮出其不意对曹魏发动攻击。

二、兵出祁山

公元 228 年，即蜀汉建兴六年的春天，诸葛亮先扬言由斜谷道（今陕西眉县南，中有连云栈，谷长三百七十里，谷口有关曰斜谷关）进取眉城，一面使赵云、邓芝据箕谷（今陕西褒城县北），做疑兵。那时曹魏派大将曹真领军迎战。诸葛亮亲自率队攻祁山（今甘肃通渭县西南），阵容整齐，军令严明。南安、天水、安定三郡（均今甘肃地）叛魏响应，关中一时震动。魏明帝，即曹叡，曹丕的儿子坐镇长安，命张郃迎击。诸葛亮使马谡督诸君在前，和张郃战于街亭（今甘肃秦安县东北），马谡不遵守诸葛亮调度计划，举动失宜，失了街亭重地，被张郃杀得大败，诸葛亮不得不拔西县（今甘肃天水市西南千余家）还驻汉中，治马谡以死罪，并上疏引咎自贬三等。

先胜后败的具体过程是这样的：正当诸葛亮率领蜀军一路凯歌高唱，将要兵过渭水，军临长安之际，远在洛阳的魏明帝曹叡急率大军救援，亲自到长安坐镇，派大将军曹真督军至眉县防御赵云，张郃率军五万前往抵抗诸葛亮，曹魏凉州刺史徐邈也遣参军与金城太守率军进攻南安郡。诸葛亮知道张郃乃是魏之名将，此番率军前来必定来取蜀军咽喉之地街亭。

诸葛亮正欲派将镇守街亭时，忽闻参军马谡请命，要领一军往蜀军咽喉要道街亭把守。诸葛亮起初不准，但无奈马谡数次请命并立下军令状。马谡是诸葛亮的心腹，诸葛亮恐马谡有失、街亭失守，再三叮嘱将街亭对蜀军的重要性和镇守街亭的部署告诉马谡，并要求马谡到街亭后立刻描绘街亭的山川地理图本以及安营扎寨的位置。诸葛亮又派大将王平作为马谡的副将，协助马谡镇守街亭。为了以防万一，诸葛亮命令高翔率领一支军队屯驻在临渭以北、街亭以左的列柳城接应马谡，又命魏延率领一军在街亭之右的山谷之中接应马谡。不出诸葛亮所料，张郃果然率领大军来取街亭。可是马谡根本不遵循出兵前诸葛亮安排的部署，也不顾副将王平的劝说，执意将大军屯兵于一座孤山上，不在当道险要之处下寨，以至于被张郃率将包围在山上。张郃派人切断蜀军水源，蜀军因为缺水而陷入内乱，马谡弃军逃亡。张郃乘势进攻，蜀军大败，街亭失守，只有王平领着千人，鸣鼓自守。而张郃又疑蜀军有伏兵，不作追击，于是王平集合分散的军队，向诸葛亮大军处撤退。身处列柳城的高翔军队又被郭淮攻破，魏延被张郃堵在山谷之中，前进不得。高翔与魏延为避免陷入被包围的境地，于是都各自退军，同时，赵云在箕谷也出兵不利。街亭失守，蜀军丧失了全部有利形势。

诸葛亮取西县千余家，后引兵退回汉中。回到汉中，诸葛亮把临阵逃脱、弃士兵于不顾的马谡收狱，不得已以“戮谡以谢众”。上疏曰：“臣以弱才，叨窃非据，亲秉旄钺以厉三军，不能训章明法，临事而惧，至有街亭违命之阙，箕谷不戒之失，咎皆在臣授任无方。臣明不知人，恤事多暗，春秋责帅，臣职是当。请自贬三等，以督厥咎。”意思是说，这次街亭失守，责任在自己，请皇帝降职三等以示责罚。于是刘禅以诸葛亮为右将军，行丞相事，所总统如前。这就是诸葛亮的第一次北伐。始则出师大捷，确收出奇制胜之效，最后以失败告终。

谁也没想到就在当年冬天，诸葛亮又迅速组织了第二次北伐，促使诸葛亮下定决心的是另一场战役的胜利。就在公元228年，也即诸葛亮第一次北伐失败当年的八月，东线孙吴却在石亭（今安徽潜山东北）与曹魏的战斗中打了一场大胜仗。五月，镇守扬州（今安徽寿春）的曹魏大司马曹休听到一个消息：孙吴的鄱阳太守周鲂打算投降曹魏。这消息使得曹休异常兴奋。作为抗吴前线的一个将领，周鲂的投降可以使他得到获取孙吴土地和人口的机会，可以立下令人称羡的战功。

曹休需要立功，身为辅政大臣，自从被明帝派到淮南前后，至今寸功未立。曹休急于立功，还有一个不便说出口的原因。他一贯看不起曹真，他常想：曹真根本不是我们曹家的正宗，曾言："真本性秦，养曹氏。"只不过是太祖收养了他，文帝与他关系很好，所以才有比自己高的地位。然而，正是这个曹真，前不久在关中打败了前来进攻的蜀汉军队，为朝廷立了大功。自己若不立功，怎能显得比曹真高明，又有什么资本看不起人家！曹休接连收到了七封投降密信，这些投降密信，不但态度诚恳，而且还把孙吴的军事部署、军队动向告诉了曹休，并制订了里应外合的计划。这就使曹休对周鲂的态度由怀疑到信疑参半，进而到完全相信。

令曹休没有想到的是，这一切都是孙吴方面的刻意安排。他与周鲂约定了日期，便率领步骑十万，渡过淮河，进入皖县（今安徽潜山）。但是，到了才发现，根本没有周鲂前来迎接的一兵一卒，曹休这才知道上当了。他本当迅速退兵，但一来急于立功，二来自恃兵马精多，曹休竟然决定即使没有周鲂内应也要与吴军开战。吴军方面巴不得曹休这样做，因为他们已经做好充分的准备。陆逊亲自统军为中部，令朱桓为左翼，全琮为右翼，向曹休发起了进攻。周鲂也合军随陆逊横截曹军。曹军大败，向后退却，在石亭又受吴军重创。这一仗，曹军损失兵将一万多人，牛马骡驴车乘万辆，军资器械丧失略尽。

然而，诸葛亮这次发动第二次北伐，却遇到了来自蜀汉内部的阻力。蜀汉朝中反对声浪此起彼伏。理由众多：一说因蜀兵经历了北伐第一次失败，士兵们还未摆脱失败情绪，此时出兵，断难取胜。还有说蜀地四面险固，易守难攻，应利用这种地理优势，守险自保，等到力量强大了再兴兵伐魏也不迟。更有甚者，有人进言后主刘禅战则必败，因为就连丞相这样的奇才都不能战胜曹军，看来北进是胜算不大，不如与曹魏相安无事，各做各的皇帝。尽管宫中有费祎、董允等人辅佐，但他们也无法阻住悲观情绪和不求进取的平庸之论对刘禅的影响，因为第一次北伐毕竟是在十分有利的情况下以失败告终的。

刘禅终于按捺不住担心，向诸葛亮问道：再次北伐，定能取胜否？刘禅的态度让诸葛亮觉得无奈又感慨万千。想起先主对自己的知遇之恩，不论情势如何，从不怀疑自己，而是坚定地按照“隆中对”的策略稳步推进，及时在病逝兵败时，也对诸葛亮抱有信心，并且雄霸天下，匡复汉祚的决心从来不曾动摇。如今，仅仅是一场战役的失败就让后主刘禅对北定中原的大业开始怀疑，诸葛亮心里五味杂陈。为再次表明北伐的决心，诸葛亮又一次上表刘禅，请求恩准再次出师，这就是历史上颇有争议的后《出师表》：

先帝深虑汉、贼不两立，王业不偏安，故托臣以讨贼也。以先帝之明，量臣之才，固知臣伐贼，才弱敌强也。然不伐贼，王业亦亡。惟坐而待亡，孰与伐之？是故托臣而弗疑也。臣受命之日，寝不安席，食不甘味。思惟北征。宜先入南。故五月渡泸，深入不毛，并日而食；臣非不自惜也，顾王业不可得偏安于蜀都，故冒危难，以奉先帝之遗意也，而议者谓为非计。今贼适疲于西，又务于东，兵法乘劳，此进趋之时也。谨陈其事如左：

高帝明并日月，谋臣渊深，然涉险被创，危然后安。今陛下未及高帝，谋臣不如良、平，而欲以长策取胜，坐定天下，此臣之未解一也。

刘繇、王朗各据州郡，论安言计，动引圣人，群疑满腹，众难塞胸，今岁不战，明年不征，使孙策坐大，遂并江东，此臣之未解二也。

曹操智计，殊绝于人，其用兵也，仿佛孙、吴，然困于南阳，险于乌巢，危于祁连，逼于黎阳，几败北山，殆死潼关，然后伪定一时耳。况臣才弱，而欲以不危而定之，此臣之未解三也。曹操五攻昌霸不下，四越巢湖不成，任用李服而李服图之，委任夏侯而夏侯败亡，先帝每称操为能，犹有此失，况臣驽下，何能必胜？此臣之未解四也。

自臣到汉中，中间期年耳，然丧赵云、阳群、马玉、阎芝、丁立、白寿、刘郃、邓铜等及曲长、屯将七十余人，突将、无前、賨叟、青羌、散骑、武骑一千余人。此皆数

> 十年之内所纠合四方之精锐，非一州之所有；若复数年，则损三分之二也，当何以图敌？此臣之未解五也。
>
> 今民穷兵疲，而事不可息；事不可息，则住与行劳费正等。而不及今图之，欲以一州之地，与贼持久，此臣之未解六也。
>
> 夫难平者，事也。昔先帝败军于楚，当此时，曹操拊手，谓天下以定。然后先帝东连吴越，西取巴蜀，举兵北征，夏侯授首，此操之失计，而汉事将成也。然后吴更违盟，关羽毁败，秭归蹉跌，曹丕称帝。凡事如是，难可逆见。臣鞠躬尽瘁，死而后已。至于成败利钝，非臣之明所能逆睹也。

此表始见于《三国志·蜀志·诸葛亮传》裴松之注引习凿齿《汉晋春秋》，习氏谓“此表，亮集所无，出张俨默记”。于是，自清代始，出现了关于此表真伪问题的争辩，至今莫决。但也有人认为，从体例文风来看，后表与前表并无二致；而且《三国志·吴志·诸葛恪传》中，诸葛恪说：“近见家叔父表陈与贼争竞之计，未尝不喟然叹息也。”所指可能即系后表。表文再次重申北伐的必要性，即“汉、贼不两立，王业不偏安”，指出偏安一隅，蜀汉必遭覆灭。并申明现在曹操东西不得兼顾，此时是进军的良机。在分析与曹军交战情况后，最后对刘禅“能必胜否”的疑问做以回答：“臣鞠躬尽瘁，死而后已。至于成败利钝，非臣之明所能逆睹也。”诸葛亮的意思是我自当尽力图之，但战事之成败我不能预见也不能向你百分百保证。读及此，颇能体会诸葛亮之无奈之情。此次上表后，刘禅再一次恩准出师。

三、屡退屡战

公元 228 年冬，诸葛亮再整军出散关，即大散关（今陕西宝鸡市西南），围陈仓（今陕西宝鸡市东）。魏将曹真相拒，粮草不继，迫得退兵。魏将王双率骑追击，诸葛亮早有预料，与之交战，破之，斩了王双。

此次围陈仓，为曹军所料，早已派郝昭加筑陈仓城防备来袭。诸葛亮曾派郝昭同乡靳详于城外数次游说郝昭投降，但郝昭坚决拒绝了。诸葛亮挥军进攻陈仓城。蜀军没有以大军进攻，而是先用云梯、冲车攻城，郝昭便用火箭射云梯，当云梯燃烧时，梯上的人便被烧伤，又以绳绑着石磨，掉下城墙，压毁冲车。诸葛亮转用井阑在百尺外向城中射箭，掩护士兵用土填平护城河，想直接攀城，郝昭于是建起内墙，令井阑失效。诸葛亮又挖地道，想突袭城中，郝昭又在城内挖下横壕沟，挡下地道。由于曹魏已经事先在陈仓做好了充足准备，加上陈仓地势险要，易守难攻，双方激战二十余日未有胜负。曹真派费曜等率军来救，魏明帝也召张郃前往迎击诸葛亮。此时蜀军粮草不继，又闻讯魏援军快到，只好再退回汉中。在退师途中，成功杀死前来追击的魏将王双。这就是诸葛亮的第二次北伐。

公元 229 年，即蜀汉建兴七年，诸葛亮又遣陈式攻武都、阴平（均今甘肃地），魏雍州刺史郭淮率兵攻打陈式，诸葛亮亲自出师，进至建威（今甘肃西和县东北），郭淮退还。武都、阴平两郡于是平定。

之后，诸葛亮安抚了当地的氐人、羌人，然后留兵据守，自己率军回汉中。因成功夺取二郡，刘禅再次恢复诸葛亮为丞相。至冬天，诸葛亮徙府营至南山下的平原，建筑汉、乐二城，加强汉中防守。这是诸葛亮的第三次北伐。

这一年，孙吴称帝，蜀汉朝中不满者众多。诸葛亮却力主遣使道贺，如此策略并非否认孙权的僭逆之心，而是值此北伐之际，他理智地认为坚持联吴政策比什么都重要，以蜀汉之国力，对付北方曹魏尚且困难，若东面树敌，只会陷蜀汉于危境矣！诸葛亮有言道：“权有僭逆之心久矣，国家所以略其衅情者，求掎角之援也。今若加显绝，雠我必深，便当移兵东伐，与之角力，须并其土，乃议中原。彼贤才尚多，将相缉穆，未可一朝定也。顿兵相持，坐而须老，使北贼得计，非算之上者。昔孝文卑辞匈奴，先帝优与吴盟，皆应权通变，弘思远益，非匹夫之为忿者也。今议者咸以权利在鼎足，不能并力，且志望以满，无上岸之情，推此，皆似是而非也。何者？其智力不侔，故限江自保；权之不能越江，犹魏贼之不能渡汉，非力有余而利不取也。若大军致讨，彼高当分裂其地以为后规，下当略民广境，示武于内，非端坐者也。若就其不动而睦于我，我之北伐，无东顾之忧，河南之众不得尽西，此之为利，亦已深矣。权僭之罪，未宜明也。”联吴是保证北伐顺利的充分条件，小不忍则乱大谋，现时保证北伐无东顾之忧才是关键。

公元 230 年七月，曹魏想转守为攻，大司马曹真上表伐蜀议案，但司空陈群认为斜谷太险阻，难以进退，于是曹真率主力军改为由子午道进发；大将军司马懿率军从汉水而上，欲与曹真军会师汉中；张郃从褒斜道进兵，直指汉中。诸葛亮知道魏军来攻后，立即加强城固、赤阪等要地的防守，要求李严率二万人赶赴汉中阻击敌人，并表李严子李丰为江州都督，防卫后方。曹军的前锋夏侯霸先大军一步，进至兴势，在曲折的谷中下营，被蜀地百姓看到，指示蜀军攻击，夏侯霸在鹿角间战斗，最后援军到达，夏侯霸才得以解围。因蜀地艰险，期间下了三十天的大雨，栈道断绝，曹真用了一个月，才走了一半路程。在朝中，华歆、杨阜、王肃都上疏劝魏明帝下诏撤军，至九月，三路大军受诏撤退。同年，诸葛亮派魏延、吴壹入南安，魏延攻破郭淮，吴壹攻破费曜，最终取得了防守反击的胜利。这是诸葛亮的第四次北伐。

四、对战司马懿

公元 231 年，即蜀汉建兴九年春，沉寂了整整三年的汉中至祁山的小路又热闹起来。这是诸葛亮组织的第五次北伐。这也是他第二次兵出祁山。不同之处在于为了解决粮草运输问题，诸葛亮新研制发明的运粮工具——木牛投入了使用；其次是经过三年的战争实践，诸葛亮改变了往日围城攻坚的战术。最后，对战的敌人也有了变化。

其时与诸葛亮对抗了三年的曹魏大司马曹真，重病在卧。曹真是一位久经战阵，经验丰富的指挥将领，曹魏智囊人物桓范曾称赞说："曹子丹（曹真字）佳人。"曹真重病不起，对诸葛亮北伐倒不是一件坏事，如果曹魏政权派来接替曹真的是个平庸之辈，对诸葛亮的取胜倒多了一分把握。但魏明帝任命接替曹真位置的是比曹真更厉害的司马懿。

司马懿在军事上运筹帷幄，机谋应变，十分有才干。攻杀新城太守孟达就是一证。孟达按照常规预料，司马懿发觉其造反后，要一个月内才可赶到。但司马懿却不循常规，仅用八天便赶到新城，杀孟达一个措手不及。另外还可以征伐辽东公孙渊一例为证。公孙渊祖孙三代割据辽东，到公孙渊这一辈，又和孙吴勾结，严重威胁着曹魏北部的安全。所以，魏明帝于公元 238 年，即景初二年春正月，诏令司马懿率众讨辽东。临行前，魏明帝问司马懿："你认为公孙渊对于大军征讨将采取何种对策?"司马懿说："不外乎上、中、下三策。"魏明帝问："哪三策呢?"司马懿答："上策是弃城北走，中策是据辽水御我大军，下策是守襄平（今辽宁辽阳）坐以待擒。""那你再估计一下，公孙渊于此三策会取哪种呢?"司马懿分析说："只有明智之人才能在知己知彼的基础上，预先有所舍弃，公孙渊不是这种人。他一定认为我军远征辽东，不能持久，必先据辽水，固守襄平。"魏明帝听了司马懿的分析，觉得他知己知彼，分析精到，一定会得胜而归，便说："愿卿早日凯旋，朕当设宴为你洗尘。"司马懿十分有把握地说："我往辽东需要百日，攻克辽东需要百日，返回需要百日，中间休养士卒需用六十日，请陛下一年之后准备好宴席，我将准时赴宴。"果然不出司马懿所料，当曹魏大军到辽东之后，公孙渊遣其将军卑衍、杨祚等率步骑数万屯于辽河畔，在军营外围挖出二十多里长的堑壕。见曹兵到，卑衍立即迎战。司马懿派将军胡遵将卑衍击退，然后采用釜底抽薪的战术，突破敌人的堑壕，先挥军向东南挺进。绕过敌人的防线后，突然转弯指向东北，直扑公孙渊老巢襄平。卑衍等将领担心襄平失守，连夜缩回襄平，与公孙渊合势固守。经过近两个月的围城攻坚，司马懿便攻破襄平，杀死公孙渊，平定了辽东。这足以说明司马懿料敌如神，用兵如神。诸葛亮这次北伐，遇到了更强硬的对手。

司马懿到达祁山之前，诸葛亮已经率大军将祁山守军围困起来，同时，派将领王平另守南围。司马懿一到长安，即令大将费曜、戴陵率精兵四千守护上邽，其余人马全部随他西救祁山。大将张郃建议不要全部出动，最好分出一部分兵力驻守雍县（今陕西凤翔南、眉县），以掩护大军侧后方。对于张郃的建议，司马懿甚不以为然。他认为诸葛亮善于用兵，不可轻视，稍有不慎就会造成无法弥补的大错。他给张郃讲了汉初淮南王黥布攻破楚三军的故事：那是公元前 196 年，即汉高祖十一年的事，韩信、彭越相继被刘邦诛杀后，黥布据地造反。他发兵进攻汉朝的荆楚之地，楚军为御黥布，将兵力一分为三，打算互相配合、救援。有人劝楚将说："黥布善于用兵，民素畏之。如今我们将兵力分散为三处，黥布如果打败我一处，那两处就会散走，怎能相救？"楚将不听。后黥布击破楚一军，其余两军果然散走。讲完这个故事，司马懿对张郃说："我们想一想分兵之后，前军能否对付得了蜀军？如果能，则将军之计可行；如果不能而将军队分为前后，就会走楚之三军为黥布所破的老路。"张郃对司马懿的用兵之道是佩服的，便不再坚持自己的意见。司马懿率领大军奔祁山杀来。

然而，诸葛亮偏偏未如司马懿所料。他留下王平继续领军攻打祁山，自己率主力迎战司马懿。其后诸葛亮在上邽打败了魏将郭淮、费曜，并收割了魏军的麦粮，与司马懿军在上邽之东遇上，司马懿深知蜀军劳师远袭，粮食补给困难，因而凭险坚守，拒不出战，诸葛亮便回军卤城。司马懿进军卤城，却登山掘营，与蜀军对峙，不与交战。张郃认为蜀军从远来攻，"孤军食少"，必然想要速战速决。所以应该以大军屯于此处，然后分为奇兵，包抄蜀军，截断其后路。但司马懿不采纳。司马懿派张郃攻南围的王平，由案中道进逼蜀军，自己则率众迎击诸葛亮。诸葛亮派大将魏延、高翔、吴班分三路领兵作战，大败魏军。此次战斗斩获魏军低级军官的首级就有三千多人，获得战利品玄铠五千、角弩三千多。司马懿一生唯一一次与诸葛亮的正面交锋以惨败告终，从此司马懿再不敢轻易出战。魏军将领数次请战，司马懿都不准，诸将十分不满，便讥笑他："公畏蜀如虎，奈天下笑何！"

六月，诸葛亮眼见粮草接应不上，而又收到后主刘禅下令北伐军撤退的圣旨，只有引军退回。司马懿命令张郃追击蜀军，张郃认为"围师必阙，归师勿遏"。眼见张郃不赞同追击未被打败而主动撤退的蜀军，司马懿却强行坚持要张郃领兵追击，张郃无奈前往，最后于木门道，被埋伏于高处的蜀军射中右膝，伤重病逝。这次北伐之前，诸葛亮派李严督粮草时，怕出问题，于是给他三种选择，叫他便宜行事："上计断其后道。中计与之持久。下计还住黄土。"后来，李严怕粮运不济，就派马忠、成藩传谕旨要诸葛亮撤军。诸葛亮回来后，反而问他："军粮饶足，何以便归？"另一方面李严又向刘禅上表："军伪退，欲以诱贼与战。"

欺骗刘禅说这是策略，又想推卸责任给岑述。诸葛亮经过调查，将李严的手书先后比对，发现前后不符，李严亦无话可说，被贬为庶人。此次北伐虽有木牛运粮，但终不能解决运输交通的困难，最后又因粮草无以为继问题再次退兵。

短短几年，诸葛亮数次组织北伐，虽有斩获，但大都以失败告终，他能否在最后一次北伐中扭转局面，反败为胜呢？我们又该如何看待诸葛亮的北伐成绩及军事才能呢？

星陨五丈原

公元 234 年秋天，诸葛亮病逝于北伐军中，时年仅五十四。据史书记载，当诸葛亮逝世时，五丈原上空陨落一颗长星。

诸葛亮逝前曾有遗表上后主云：伏闻生死有常，难逃定数；死之将至，愿尽愚忠：臣亮赋性愚拙，遭时艰难，分符拥节，专掌钧衡，兴师北伐，未获成功；何期病入膏肓，命垂旦夕，不及终事陛下，饮恨无穷！伏愿陛下：清心寡欲，约己爱民；达孝道于先皇，布仁恩于宇下；提拔幽隐，以进贤良；屏斥奸邪，以厚风俗。臣家成都，有桑八百株，薄田十五顷，子弟衣食，自有余饶。至于臣在外任，别无调度，随身衣食，悉仰于官，不别治生，以长尺寸。臣死之日，不使内有余帛，外有赢财，以负陛下也。意思是说，我命不久矣，临死之前还想对皇帝说几件事，第一，北伐大业未竟，深为遗憾；第二，希望皇帝能坚持内政之策，固守蜀汉之本；第三，就个人而言，我一向俭以奉公，生前身后都绝无贪图之意。

他遗言请葬于汉中定军山（今陕西勉县东南），家仅容棺，敛以时服，没有什么器物陪葬。诸葛亮确实为汉室做到了“鞠躬尽瘁，死而后已”。天下三分之局，是他一手促成的。没有诸葛亮，就没有蜀汉的历史。他是大政治家，也是大军事家。他治理国政：爱抚百姓，知人善任，开诚心，布公道，赏罚严明，循名责实。他练兵行军：纪律森严，长于谋略，曾发明连弩、木牛、流马及八阵图。诸葛亮在世，六次出师北伐，而魏兵不敢越雷池一步。

一、谢幕之战

诸葛亮最后一次北伐，选择了褒斜道。蜀军每次北伐，花在出征路上的时间比与敌交战的时间还长。蜀汉建兴十二年，五十四岁的诸葛亮再度北伐，他率十万之众经褒斜道北掠渭水，开始了他人生的谢幕之战。这一年的魏蜀交锋，从一开始就注定了是一场不兴刀兵的消耗战。诸葛亮领大军再出祁山，用流马做运粮工具，据武功五丈原（今陕西眉县西南），和司马懿在渭南相对抗。诸葛亮屡次出师，都因粮运不继，这次他想出一条良计，就是分兵屯田。耕者杂于渭滨居民之间，并不骚扰百姓，彼此相安。相持百余日，司马懿固守不战。当诸将都骂司马懿龟缩胆小之时，诸葛亮却看出了这次对垒的敌人的厉害之处：“司马懿龟缩不战，是欲与我军打消耗战，我军深入魏国腹地，兵行敌国，根基不稳，前不得前，后不得后，纵算屯田渭南，也非长久之计，司马懿正是看到了这一点，方才做出不交锋的决断。只需坚守要隘，死守不战，自待我军疲乏，不得已而退兵返国，则魏国不丧一兵一卒，不失一城一地，却能保境安民，这一番见识与定力，非常人也！”并预言到：“司马懿能忍人之不能忍，必不肯久为人下，日后曹魏定为此人所乱！”这次北伐意外结束于诸葛亮的病逝，依然以退兵结束，不免令后人遗憾，不胜唏嘘！

诸葛亮临死前最忧虑的事是自己死后蜀军怎么办。如果没有病重，诸葛亮是无论如何也不打算退兵的，他已经让士兵们在渭南屯田，做好了持久战的准备。但是现在情况发生了巨大的变化，作为一军的主帅，诸葛亮已经走到了生命的尽头。失去主帅的军心会产生极大的惶恐动荡，而用军心不稳的军队去打仗是兵家的大忌。

更何况在军中还有一个人是极不稳定的因素，一旦控制不好，后果不堪设想。这个人是谁呢？他就是军中主要将领，征西大将军魏延。魏延随军北伐，在战略战术上与诸葛亮一直存在分歧。他每次随同诸葛亮出兵时，总是要求诸葛亮给他兵马万人，他会像韩信当年东征那样，配合诸葛亮拿下关中。对魏延的要求，诸葛亮常制而不许，为此，“延常谓亮为怯，叹恨己才用之不尽”。如果诸葛亮去世，魏延可能会自以为申志展才之时已到，按照自己的意愿行事。

事实上，在军中，除了诸葛亮，没有人能约束得了他。那么，诸葛亮逝后，靠谁来钳制他不盲动呢？丞相府长史杨仪与他素有不和，魏延最不服的人就是杨仪，让杨仪制止魏延简直如同火上浇油。军司马费祎秉性谦和，服人以礼不以威。每当魏延与杨仪的矛盾闹得不可开交时，费祎也只能“入其坐间，谏喻分别”。以文对武，毫无把握。征西将军姜维入蜀时间不长，资格与职务都不如魏延，也约束不了他。如果任由魏延这颗定时炸弹爆炸，要么蜀军的剩余力量都随同他孤注一掷，要么是蜀军四分五裂，各行其是，无论哪种结果，这都是对蜀国军队的毁灭性打击。因此，虽然人已将死，当务之急，诸葛亮毅然决定撤军，并部署下保证撤军顺利的人事与路线。

二、撤军风波

据《三国志·蜀书·魏延传》记载：诸葛亮自知将不久于人世，便将长史杨仪、司马费祎、护军姜维等召集在自己身边，部署撤军的行动。此次撤军，诸葛亮令魏延断后，姜维次之，如果魏延不从命，就让杨仪、费祎等率军撤退，姜维断后。显然，诸葛亮即使决定撤军，担心的仍然是魏延不听命，一意孤行。事实证明，诸葛亮的担心是有道理的，蜀军的撤军过程可谓惊险至极。

诸葛亮去世，蜀军严守秘密，不公开诸葛亮

的死讯，而是遵照诸葛亮的布置立刻撤军。杨仪派费祎去见魏延，试探他对撤军的态度。果然，魏延听见蜀军欲撤的消息，勃然大怒，说：“丞相虽亡，还有我在。丞相府中的亲近官属便可护送丞相灵柩还葬，我仍可留下率大军攻贼，怎能因一人之死而废天下大事呢？况且我魏延是何人，怎能让杨仪调遣，替他断后！”费祎听了魏延一席话，心中暗暗佩服诸葛亮预料的准确。他刚要对魏延劝解几句，只听魏延又说：“杨仪为丞相府官员，让他回去。君为军中司马，当留下与我一起杀贼。你我二人联名发个文书，将此事布告诸将。”费祎一听，心中暗暗叫苦：这不是要把我硬留下，和他一起违抗丞相遗令吗？想到这里，他灵机一动，骗魏延说：“将军留我，我无异议。只不过我得回去说服杨长史。杨长史是个文吏，不懂军事，我告诉他后，他一定不会违背将军之命。”费祎这番话，魏延听着还算舒服，便放他回去了。费祎走后不久，魏延又觉得不对劲。他觉得费祎此次前来，目的是劝自己与之一起退兵，怎会这么快就改变态度，帮助自己说服杨仪！他急忙派人去追，但已经来不及了。

魏延又派人打探杨仪的动静，得知他已经布置诸军拔营而归后大怒，杨仪竟敢丢下自己率大军径自撤回，分明不把自己放在眼里！更使魏延生气的是，杨仪已在众军中广为散布说，魏延不愿撤军，欲率大军北降曹魏。当时魏延的前锋部队离诸葛亮大营仅十里，离褒斜谷北口很近，魏延便抢先退入斜谷南归，边走边烧毁栈道。魏延这个举动，主观上或许是为了阻止蜀军后退，或许是为了难为杨仪，争取自己的主动地位，但在客观上却几乎帮了曹魏的大忙。

当杨仪等人整军而还时，司马懿也得到了蜀军撤退的消息，他亲自率兵来追蜀军。多亏诸葛亮事先布置了姜维断后。足智多谋的姜维见司马懿追来，让军队反旗鸣鼓，做出一副要反击的架势。司马懿不知诸葛亮已死，又想起张郃的话：归军勿追。他急忙下令停止追击，全军返回。于是，杨仪结阵而去，从容退进斜谷。事后百姓知道了这件事，都传着一句谚语：“死诸葛走生仲达（司马懿字仲达）。”司马懿听到这个谚语后，自我解嘲说：“吾能料生，不便料死也。”也多亏司马懿不便料死，否则，蜀军撤时，后有追兵不舍，前有断道阻拦，那真是太危险了。

魏延抢先退到斜谷南口，一面布置军队阻击杨仪，一面派人去成都向后主上表，说杨仪率兵反叛。杨仪一面伐树修道，昼夜兼行，一面也派出信使从小路回成都，向后主告急，说魏延举兵叛变。魏延、杨仪，各自指责对方，一日之中，羽檄交至。刘禅闹不清谁是真叛，便问侍中董允和留府长史蒋琬。董允、蒋琬都保杨仪而疑魏延，刘禅下令让蒋琬率宿卫宫省的诸营士兵北上救难。蒋琬还没到，在南谷口杨、魏二人却已经打起来了。魏延向杨仪军发动进攻，杨仪命大将王平率军抵御。王平面对魏延怒斥道："丞相亡故，身尚未寒，你们怎么就干出这种事?"魏延理亏，语塞无话。魏延兵众见此，知道曲在魏延，纷纷离他而去。魏延众叛亲离，只带其子与数人向汉中逃去。杨仪派将军马岱紧追不舍，终于将他追杀。魏延的首级被送到杨仪面前，杨仪将其人头扔在地上，用脚踩着，恶狠狠地说："奴才，你还能作恶吗?"这就是被称为"南谷口火拼"的历史事件。

在经历了这场惊心动魄的轩然大波后，蜀军

终于安然撤回到了汉中。当诸葛亮逝世，蜀军安然撤退后，司马懿来到诸葛亮驻军的处所，见到他的营垒布置，称赞说："天下奇才也!"司马懿是敌方统帅，曾对他的部众说诸葛亮"志大而不见机"，然而当他巡视诸葛亮的营地后却一改常态，其原因就是由于看到诸葛亮治军的规矩法度皆己所不能为，"怳然自失，不觉其言之发也。可以观其真情矣"。

三、北伐功过

轰轰烈烈的北伐战争就这样匆匆落下了帷幕。那么，我们到底应该如何看待诸葛亮的北伐功绩呢？诸葛亮算得上优秀的军事家吗？史书记载诸葛亮六出祁山北伐的军事计划没有如愿完成，就尽瘁死去，因此有些人以"成败论英雄"的眼光来判断，认为诸葛亮是一个成功的政治家，却不是一个成功的军事家。这种批评，以陈寿为代表：亮才，于治戎为长，奇谋为短，理民之干，优于将略。而所与对敌，或值人杰，加众寡不侔，攻守异体，故虽连年动众，未能有克。昔萧何荐韩信，管仲举王子城父，皆忖己之长，未能兼有故也。亮之器能政理，抑亦管、萧之亚匹也，而时之名将无城父、韩信，故使功业陵迟，大义不及邪？盖天命有归，不可以智力争也。

要说诸葛亮短于将略奇谋，似乎是过低评价了诸葛亮的军事才能。固然他在政治上的成就要比在军事上的成就为大，但以当时的客观形势而论，他的军事策划与战略，无疑是正确而优异的。陈寿为何如此写呢？陈寿并不是不了解诸葛亮的才能，也并不是不了解蜀汉以弱抗强的客观环境，之所以在将略奇谋上稍稍贬抑诸葛亮，还是因为他究竟是晋朝的著作郎，为晋国的史官，诸葛亮正是晋帝先祖的对手，因此不能不有所顾忌。

我们且回顾一下诸葛亮的六次北伐。史书记载是“六出祁山”，据现在的历史学家考证，出祁山只有两次，北伐也只有五次，中间有一次是魏军先出击的自卫反击战，非主动攻伐。这是有道理的。但是就战争的连续性而言，我们不妨把这次反击防守战也算作诸葛亮被动组织的一次北伐，因有六次北伐之说。依次来看，建兴三年南征凯旋之后，至五年，诸葛亮率军北驻汉中，六年春天，扬言从斜谷道出击，使赵云、邓芝为疑军。自率部队攻祁山，南安、天水、安定三郡叛魏响应，魏命张郃迎战，诸葛亮使马谡做前锋，战于街亭，为张郃所破，便退军还汉中。这是第一次。到了那年的冬天，东吴的孙权击败曹休，魏兵东下，探知关中空虚，诸葛亮又出师围陈仓，魏派曹真相拒，蜀军粮尽引还，魏将王双追袭，蜀军回头迎战，斩了王双。这是第二次。建兴七年，诸葛亮遣派陈式出击武都、阴平，魏雍州刺史郭淮率兵击陈式，诸葛亮自出至建威，郭淮退还，便平武都、阴平两郡。这是第三次。建兴八年，魏使司马懿、张郃、曹真三路来攻汉中，诸葛亮拒之于城固，适天雨，魏军引去。这是第四次。建兴九年，诸葛亮出师祁山，围之。司马懿自荆州朝魏，明帝叫他屯兵长安，率张郃、郭淮等相拒，司马懿不敢出战，诸将屡请，诸葛亮大破于卤城。粮尽退军，杀追将张郃。这是第五次。到了建兴十二年，其间已经修养三年，诸葛亮息兵劝农，养精蓄锐，做木牛流马，又做第六次的北伐，和司马懿相持于渭滨。屯田为久驻之计，但未及开战，诸葛亮便在军中逝世。

这样梳理下来便可看出，诸葛亮的六次北伐，前五次都是一种“以攻为守”的战略。最后一次的斜谷出师，据武功五丈原，和司马懿对垒于渭南，并且分兵屯田，才是真正准备大规模地进攻，不料诸葛亮却未捷先死，于是后世的人，就以为他六次北伐都归于失败。其实前几次的出兵，如果战略是进攻，也许可说是没有成功；但如果战略是以攻为守，便已达到了作战的目的，不能说是失败。诸葛亮之所以要采取这种“以攻为守”的战略，以致所谓“连年动众，未能有克”，是当时客观形势决定使然。

蜀汉的力量，在任何时期都比魏弱，而在基础未稳定，内部种种建设未完成之时，实在不能谈到北伐，但一方面积极建设内部，修明政治，充实仓廪，一方面却不能不振军事上的声威，以杜绝敌人的觊觎。诸葛亮的屡次出师北伐，用意在此。不断出击，也可以借此来训练部队，使士卒习于战斗，不致逸乐丧志，以备作日后之大举。至于直捣中原，扫除奸丑，复兴汉室，乃是诸葛亮军事计划和政治计划的最终目的，不是出奇制胜就能实现的。而一些人认为诸葛亮应“处孤绝之地，战士不难五万，自可闭关守险，君臣无事”，甚至批评他“空劳师旅，国内受其荒残，西士苦其役调”。确非知人之持论。从这几次的出师看来，拔南安、天水、安定三郡之民以归，平武都、阴平二郡，斩王双，歼张郃，挫司马懿，也不能说没有相当收获。蜀都基础能够安定数十年使外围巩固，敌人不敢进窥，就全在这以攻为守的战略。当时诸葛亮的决策是攻而能克，固所冀望；攻而不克，也可守而待时，这是战略的上策。试看诸葛亮死后，魏军果然就从阴平进袭，以致蜀局不能保守。如此，数次北伐岂能说是“空劳师旅”?

四、奇谋长短

有人说，假使最后一次的出师，诸葛亮不是那么早死，魏、蜀胜败之局势难以判定。因为这一次的出兵，诸葛亮已经解决了一个最严重的难题，就是粮食问题。诸葛亮所用的方法是分兵屯田，这是一个解除军需困难，可以持久作战的办法。屯田的好处，第一，是克服军粮运输上的困难；第二，是战不废耕，兵士也可接近民众；第三，是胜可以进，不胜可以守。正所谓稳扎稳打，步步为营。我们知道诸葛亮若干次的出师，都受制于粮运，往往“粮尽引还”。由蜀出兵至陕甘地带，千里迢遥，其时既无良好的交通工具，军运自然是一个不易解决的问题。诸葛亮受限于地势，在军事运输上煞费苦心，给养线无法维持，军事计划便往往受阻，即使他竭尽巧思，想出木牛流马这些方法来运粮，但小巧的玩意儿仍然不能收大效。因此，司马懿应付的战术，就是坚壁清野，按兵不战。可是最后一次的出师，诸葛亮分兵屯田，把这难题解决了。

据《三国志·蜀志·诸葛亮传》说："亮每患粮不继，使己志不伸，是以分兵屯田，为久驻之基。耕者杂于渭滨居民之间，而百姓安堵，军无私焉。"分兵屯田，怕的是军无纪律，扰害百姓，以诸葛亮治军严整，"百姓安堵"，自然是实情，这一次，司马懿可有点着慌，后来他知道诸葛亮食少事繁，只能靠希望诸葛亮早死来获得胜利。我们还可从诸葛亮的对手司马懿对他的评价上来看诸葛亮的军事才能之优秀。司马懿的军事才能，在三国人才中，也算得上是第一流的。对于诸葛亮，他虽然曾放言："志大而不见机，多谋而少决，好兵而无权。"但实际上对诸葛亮是敬畏之至。诸葛亮去世，蜀兵引退，司马懿不敢追击，于是有“死诸葛吓走生仲达”的俗谚。退兵后，司马懿按行其营垒处所，称为“天下奇才”。阴平一役，诸葛亮的大兵，给魏延带去了，只剩得一座空城，司马懿君临城下，却不敢闯进。诸葛亮师出祁山，与他唯一一次正面作战，司马懿一败之后，“畏之如虎”。据裴氏《语林》载：“渭滨将战，懿戎衣莅事，使人视武侯，乘素舆，葛巾，持白羽扇，指麾三军，各随其进止，懿闻而叹曰‘可谓名士矣’。”诸葛亮的将略奇谋，在当时敌对的司马懿的心中，还这样地尊崇赞许，后人又怎可任意妄评呢？

有的人认为诸葛亮兵出祁山趋秦陇的北伐计划不如魏延的由子午谷直捣长安有效，进而侧面批评诸葛亮的军事才能。因为长安不下，虽得秦陇，也不能动摇魏的基础。而那时守长安的夏侯楙，又是懦夫，正好攻其最弱的一环。但是诸葛亮不从。据《三国志·魏书》载：“亮于南郑与手下计议，延曰：闻夏侯楙，少主婿也，怯而无谋，今假延精兵五千，负粮五千，直从褒中出循秦岭而东，当子午而北，不过十日可到长安，楙闻延奄至，必乘舡逃走，长安中惟有御史京兆太守耳，横门邸阁与散民之谷足周食也。比东方相合聚，尚二十许日而公从斜谷来，必足以达，如此，则一举而咸阳以西可定矣。”意思是说，夏侯楙无能，今可出奇兵，直捣长安，再与诸葛亮会合，大业速成。

魏延的建议，本是用兵的道理，不能说不对。就是起初诸葛亮对刘备的陈策，也说过：“天下有变，命上将出宛洛，自向秦川。”直攻长安，倘能得手，本可事半而功倍。

但是诸葛亮之所以不同意魏延的建议，是因为：第一，那时的形势已经不同于隆中对策的所料，关羽失去襄阳，奇兵取长安，已失掎角之势。假使夏侯楙不致如魏延所想的弃城而逃，或戮力相拒，出奇措锐，或坚壁清野，闭关苦守；那么延军深入，亦有招致败覆的可能。第二，诸葛亮用兵一向谨慎，尚正兵而不尚诡谋。直捣长安，虽可侥幸制胜，却没有十全的把握。他说：“此悬危，不如安从坦道，可以平取陇右，十全必克而无虞。”诸葛亮的定策，就是步步为营，逐渐推进的“十全”办法。因为屯田的计划，是准备作持久战的，西趋秦陇，终可达到目的，何必行险以图急功近利，这是诸葛亮军事上的一贯稳健作风。

陈同甫在《酌古论》里，对于诸葛亮的将略推崇备至，他以为：“孔明无死，则仲达败，关中平，魏可举，吴可并，礼乐可兴。”他又比较诸葛亮和司马懿的优劣，说：“夫仲达出奇制胜，变化如神，天下莫不惮之。……孔明以步卒十余万，西行千里，行行然，求与之战，而仲达以动骑三十万，仅能自守，来不敢敌，去不敢追，彼岂孔明敌哉！然孔明始试其兵，或以饥退，晚年杂耕渭滨，为久驻之基，木牛流马，日运而至，迟之一二年，仲达将何辞哉，不战则君疑之，同列议之，国人轻之，其身不安，其英气无所骋，固不免于战，战之则败耳。……唐李靖，谈兵之雄者也，吾尝读其问对之书，见其述孔明兵制之妙，曲折备至，曾不一齿仲达，彼晓兵者固有以窥之矣。”虽是书生之论，所见却至有道理，我们相信假若诸葛亮迟死数年，统一大业，定会完成于他的手中。

不过不能否认的是，诸葛亮不是以战功显赫著称的。在《三国志》和其他现存的史籍中，对诸葛亮军事斗争的记载，没有曹操官渡之战那样生动的描述，没有周瑜赤壁之战那样详细的记载，没有吕蒙偷袭荆州那样曲折的情节，没有陆逊夷陵之战那样精彩的叙述，没有司马懿讨孟达、征辽东那样的有声有色。这是因为，诸葛亮亲自统兵打仗的时间比上述诸人要短得多。即便如此，也不能就此否认诸葛亮的军事才能，称其为“奇谋为短”。

五、治戎为长

在诸葛亮“治戎为长”上，后人倒是没有多大争议。诸葛亮治军之道，赏罚严明，以信义昭示大众，所以将士用命。有一次，和魏军司马懿对阵，正要调防，参谋的人以为敌众势强，非力所能及，不如将调防休养的队伍停留下来，以壮声势；诸葛亮说：“吾统武行师，以大信为本，得原失信，古人所惜。去者束装以待期，妻子鹤望而计日，虽临征难，义所不废。”仍然催遣他们回去。可谁料这样一来，调防的队伍，都愿意留在阵地一战，驻兵也奋勇效命，大家说：“诸葛公之恩，死犹不报也。”临战之日，各人拔刀争先，以一当十，就在这次打败了司马懿，杀了张郃。足见诸葛亮如何待军以信。

行军有序也是诸葛亮为人所称道的地方。后人描写诸葛亮的行军情况，有这样的话：“亮之行军，安静而坚重，安静则易动，坚重则可以进退。法令明，赏罚信，士卒用命。”“其兵出入，如宾行不寇，刍尧者不猎，如在国中。其用兵也，止如山，进退如风，兵出之日，天下震动而人心不忧。”

另外，诸葛亮的军队里成分混杂而能人人用命，不能不说诸葛亮治军有方。蜀地兵少，诸葛亮对于部队的扩充与编配，往往征集各地分子杂合而成。拔南安等三郡时，兵源补充不少。武都、阴平两郡，其地有氐羌；陈式讨平时，也有羌兵入伍；后来北伐之师，羌人士兵颇多。南征凯旋，也选了许多劲卒。这样，诸葛亮军中的成分至为复杂，既有羌蛮，蜀兵又素称轻脱，这种成分复杂的军队，本来很不容易训练和控制，但诸葛亮不但使之成为劲旅，而且指挥如意，确见其治军有道。

诸葛亮还搞军备发明和阵法创造，史书记载其善“巧思”，这也是其军事才能的体现。汉末三国时期的战争，有很多战役的结果是与粮食紧密相关的。有了粮食，人们就有了把战争继续下去的底气。董卓迁都长安，在长安以西的眉县建筑坞壁，高与长安城相等，在里面囤积了够吃三十年的粮谷。董卓信心十足地说，事成可雄踞天下，事不成可守眉坞过一辈子。公孙瓒与袁绍争战，不利，“乃走还易京固守。为围堑十重，于堑里筑京，皆高五六丈，为楼其上；中堑为京，特高十丈，自居焉，积谷三百万斛”。有了这些工事和粮食，公孙瓒也有了底气。他说：“昔谓天下事可指麾而定，今日视之，非我所决，不如休兵，力田蓄谷。兵法，百楼不攻。今吾楼橹千重，食尽此谷，足知天下之事矣。”

相反，粮食出了问题，战争的局势就会逆转。袁绍、曹操在官渡对峙，袁绍派淳于琼将兵万人以车运谷，在袁绍大营北四十里驻扎，曹操亲自率五千人前去袭击，结果大破淳于琼，尽焚其粮草。袁绍前线部队的将领张郃、高览率军降曹，袁绍兵众也因此大溃，最终导致了袁败曹胜的结局。袁术之败，在政治上固然有其愚蠢之处，但粮食不足也是不可忽视的经济原因。他在江淮间，士兵无食，靠河蚌水草为生。他自己生活奢侈，

"而士卒冻馁，江淮间空尽，人民相食"。匮乏若此，焉能不败！粮食问题是个大问题，它不仅关系到国计民生，也影响着战争胜负。

诸葛亮北伐并不是粮食不够，而是"粮草不继"，问题出在粮食运输上。"守战之力，力役叁倍。"意思是说，驻守和远征，所用的运输力量是不等的，通常远征所用的运输力量是驻守的三倍。诸葛亮北伐，蜀军是远征，曹军是驻守，这就意味着本来在数量上占劣势的蜀汉军队，还要抽出比曹军运力多三倍的人力搞粮食运输。蜀将魏延要求袭击长安时说："今假延精兵五千，负粮五千，直从褒中出，循秦岭而东，当子午而北，不过十日可到长安。"魏延自汉中袭击长安，预计用十天便可到达，要带十日军粮。平均每名战士要有一个人背粮供应。那么，一个人要背多少粮食才够吃十天呢？史书没有明确说明，但参考其他资料可以推定一二。东汉时，朝廷准备发四万人去攻打日南，李固不同意，他说："军行三十里为程，而去日南九千余里，三百日乃到，计人禀五升，用米六十万斛。"这是说一人一天要五升粮食。再来看一个资料，公元 211 年，即建安十六年，隐者焦先因关中乱，与家属相失，“独窜于河诸间，食草饮水，无衣履”。当地官府以为他是逃亡的士兵，要将他逮捕。多亏好友武阳出来讲情，对知县说：“此狂痴人耳。”官府才给他注籍，用今天的话说即上了户口，“给廪，日五升”。由此可知，汉末三国时，一个人一天需要粮食五升左右。

按照这个标准计算，十日军粮，一个战士需要五斗，再加上背粮者自身的耗粮，一个负粮者要担一石粮食，才够一个战士十天的军粮。按照这个标准计算，以诸葛亮第一次北伐为例：蜀汉十万大军，日耗粮约五千石，前后约一个月时间，耗粮约十五万石。运粮者每人背两石，那么，供十万人一个月的军粮就需负粮者七万五千人。诸葛亮第一次出师，刘禅诏书说，授诸葛亮旄钺之重，“付之以专命之权，统领步骑二十万众”。这应该是把运粮者也包括在内了。还应指出，这么多人肩扛背驮，也不能完全保证前方用粮。因为蜀军北伐，多为险峻崎岖的山地，遇有特殊情况，军粮还是不能及时供应。

诸葛亮的北伐，有多次是因粮运不继而退兵

的。为了改变这种状况，诸葛亮在战争空隙间，苦心琢磨，终于在第五、第六两次北伐中研制成了新式运粮工具——木牛流马。我们现在无法见到当时的木牛流马什么模样，但在当时亦属谁也没见过的发明创造，在一定程度上解决了当时的粮食运输难题。

不仅如此，诸葛亮还花心思对军队的武器装备进行了改良创新，并取得了卓越的成效。经诸葛亮改善的蜀军武器装备有弩机、刀、斧、剑、铠甲、蒺藜等。史书记载说：诸葛亮“损益连弩，谓之元戎，以铁为矢，矢长八寸，一弩十矢俱发”。诸葛亮改造过的弓弩已比以前有了很大改进。第一，以前的弩一次只能发射三至五支箭，而诸葛亮改造过的弩一次能发十支箭。第二，诸葛亮改造过的弓弩射击力量大，有“十石”之重。一石是一百二十斤，蜀汉一斤约合现在九市两，十石，就是约五百三十四斤，这么大的力量，射程要比墨子所说五十步远，穿透力也大大提高。十石弩的力量很大，杀伤力也很强，在当时是一项重要的军器制作技术的革新，诸葛亮北伐，使曹魏名将王双、张部死于伏弩，可见其在对魏作战中所发挥的威力。

除木牛流马、连弩这些巧思的军备发明外，八阵图也是脍炙人口的。所谓八阵图，是练兵的阵式。据说在诸葛亮之前也有八阵之法，窦宪曾用之以击匈奴。我们现在没有资料能直接看到诸葛亮的八阵图如何，但在另一个故事中或可领略其阵法的非凡效力。唐代李靖制有六花阵，唐太宗不太明白，就问他："卿所制六花阵出何术乎？"靖曰："臣本诸葛亮八阵法也。大阵包小阵，大营包小营，隅落钩连，曲折相对。"这表明后世的人因其厉害而化用诸葛亮的八阵图。我们也可以从侧面看出，这种阵法的巧妙复杂之处以及诸葛亮精于兵阵的一面。据古书记载，今重庆奉节西南七里的江滩上，有一堆堆排列得整齐有序的石头。这些石堆共六十四个，八堆一行，并列八行。每堆石头高五丈，广十围，都是用小石堆砌而成。每堆石头之间相距九尺，纵横相等。每至盛夏，江水暴涨，水与岸齐，涛声若雷，十围大树、百丈枯枝、斗大巨石，无不被洪流冲走，及水落川平，万物皆失故态，唯这六十四堆巨石却依然故我。无独有偶。陕西汉中定军山附近、四川新都北弥牟镇附近，都有这样的摆布整齐、排列有序的石堆。这应该就是诸葛亮当年操演八阵时留下的遗迹。

六、军事奇才

诸葛亮的军事指挥才能是卓越的，这点无可否认。蜀、魏相抗，蜀弱魏强。天下九州，魏有其七（其中荆、扬与孙吴共有），蜀有其一。地大则人多，地大则物博，在人口和财富上，魏国远远占优势。人多则兵众，物博则食足，在军队和物资上，蜀汉亦远不如曹魏。但是，诸葛亮坚信一点：蜀汉之弱，却可抗衡曹魏之强。诸葛亮以弱抗强，并不是简单地以自己的弱势劣势去对抗曹魏的强势优势，而是要在对抗中转弱为强。研究敌人的弱点，用自己的强处攻击敌人的弱处，是一种转弱为强的努力。诸葛亮曾引用管仲的话："攻坚则瑕者坚，攻瑕则坚者瑕。"意思是说，敌人有其强处，也有其弱点。若攻打其强处，则其弱点也会变成强处，若攻其弱处，则其强处的优势就发挥不出来，从而变成弱处。他从管仲的话中得出结论说："不从其瑕而攻之，天下皆强敌也。"在军事斗争中，充分发挥指挥员的才干，在战略战术上处处高出敌人指挥员一筹，这也是转弱为强的努力。在北伐战争中，“孔明起巴、蜀之地，蹈一州之土，方之大国，其战士人民，盖有九分之一也，而以贡贽大吴，抗对北敌，至使耕战有伍，刑法整齐，提步卒数万，长驱祁山，慨然有饮马河、洛之志。仲达据天下十倍之地，仗兼并之众，据牢城，拥精锐，无擒敌之意，务自保全而已，使彼孔明自来自去”。这种结果，当然与诸葛亮的军事指挥才能高于司马懿有很大关系。

除了军事实践外，现在我们还可以看到诸葛亮遗集中，有大量关于军事理论方面的著述，如《便宜十六策》中的第九《治军》一章和《将苑十五篇》。《治军》一章有云：“治国以文为政，治军以武为计。治国不可以不从外，治军不可以不从内，内谓诸夏，外谓戎狄，戎狄之人，难以礼化，易以威服，礼有所任，威有所施。”这就是诸葛亮平夷南征的经验总结。又有云：“夫用兵之道，先定其谋，然后乃施其事，审天地之道，察众人之心，习兵革之器，明赏罚之理，观敌众之谋，视道路之险，别安危之处，古主客之情，知进退之宜，顺机会之时，设守御之备，强征伐之势，扬士卒之能，图成败之计，虑生死之事，然后乃可出军任将，张擒敌之势，此为军之大略也。”这一大段理论，也足以证明诸葛亮用兵是如何谨慎，治军是如何严明。《将苑十五篇》对于做将帅和用兵的道理，列举甚详，简直就是一本武侯兵法。由此可见，诸葛亮在军事上的实践与理论方面，显然并不像陈寿所说的将略非长，奇谋为短。古来文武合一，所谓王佐之才是必须文武兼备的。诸葛亮以文武之才，并担将相重责，在政治上，他固然是一个卓绝的大政治家；而在军事上，他实在也是一个卓绝的军事奇才。

作为军事奇才的诸葛亮也难免有缺点和失误。毫无疑问，诸葛亮不但是蜀汉最优秀的人才，也是三国时期最优秀的人才。诸葛亮的接班人费祎曾对姜维说：“吾等不如丞相亦已远矣。”这是实情。诸葛亮才智超群，办事能力强，对蜀汉政权忠心耿耿，这些都是他的优点。出于对蜀汉的忠心，他极力想把蜀汉的事情办好，特别是夷陵战败蜀汉遇到重大挫折后，诸葛亮更是小心谨慎，国事政事，不分巨细，事事操心，公事私事，不论大小，事事过问。

由于他办事能力强，就总想着能者多劳，“夙兴夜寐，罚二十以上皆亲揽焉”。他亲自校簿书，乃至“流汗竟日”，累得每顿饭吃得比常人要少得多。对统帅人物来说，过多地过问琐事乃是一大忌。大事琐事事必躬亲的坏处在于一来分散精力，二来对健康不利。诸葛亮逝世的年纪并不大，仅五十四岁。刘备逝世时六十三岁，孙权逝世时七十一岁，曹操逝世时六十六岁，比起他们，诸葛亮就算是英年早逝。诸葛亮就是过度劳累，严重地损害了身体健康而致早逝的。因为从史书记载看，诸葛亮在最后一次北伐前没有身体不适的迹象，在北伐中他还命令士兵屯田，做好了与司马懿长期相持的准备。

唐人尚驰说：“以人事而论，使武侯长存，殷若一敌国，胜于本朝百万之师，北向争衡，司马懿复惕息而不敢战，足明中原非曹丕所有也。”这当然是一种假设，但如果诸葛亮真的再多活十多年，这种假设也有变成事实的可能。对此，当时就有人对他提出批评劝告，这个人就是丞相主簿杨颙。他发现诸葛亮亲自校阅簿书，便走过去对他说：“为治有体，上下不可相侵，请为明公以作

家譬之。今有人使奴执耕稼，婢典炊爨，鸡主司晨，犬主吠盗，牛负重载，马涉远路，私业无旷，所求皆是，雍容高枕，饮食而已。忽一旦尽欲以身亲其役，不复付任，劳其体力，为此碎务，形疲神困，终无一成。岂其智之不如奴婢鸡狗哉？失为家主之法也。是故古人称坐而论道谓之三公，作而行之谓之士大夫。故邴吉不问横道死人而忧牛喘，陈平不肯知钱谷之数，云自有主者，彼诚达于位分之体也。今明公为治，乃躬自校簿书，流汗竟日，不亦劳乎！”意思就是劝诸葛亮不要事必躬亲，要保重身体，这才是大局为重。

诸葛亮听了之后大为感动，连忙起身承认错误。但直至他病逝于五丈原之前，罚二十人以上的事情还要亲自处理，忙得夙兴夜寐，所啖食不至数升，就说明他虽然接受了杨颙的批评，但依旧故我。这与他公忠体国，唯恐“托付不效”的高度责任心是分不开的。

另外，智者千虑，必有一失。在任人选将方面，诸葛亮自然也不免偶尔失误。例如，误用马谡、李严，因而有街亭之失和粮运连误之事。马谡虽是“才器过人，喜论军计”，但他毕竟是一个军事理论家，而不能做行军的将帅，和张郃战于街亭一役，诸葛亮派他做前锋，在前方督领诸军，结果给张郃杀个大败，军事大计受了极大影响。李严行事不忠，诸葛亮再出祁山时，派他在汉中督导粮运，因天雨恐粮不继，竟至矫旨命诸葛亮退师，其后将过失推诿给别人，使北伐之师又受一次阻碍。然而这种任人选将上的失误，不能就说诸葛亮将略非长，即使一个超凡卓绝的军事家，也不能样样都十全十美，更不能不许有一点失败。因某一点失误便判断其整个“将略”的优或不优，这真是“以成败论英雄”。

七、生前身后

据史书载，诸葛亮于武功病笃，后主遣福（李福）省侍，遂因谘以国事大计，福往具宣圣旨，听亮所言，至别去数日，忽驰思未尽其意，遂却骑还见亮，亮语福曰：“孤知君还意，近日言语虽弥日，有所不尽，更来一决耳，君所问者，公琰其宜也。”福谢：“前实失不谘请公，如公百年后，谁可任大事者，故辄还耳。今复请蒋琬之后，谁可任者?”亮曰：“文伟可以继之。”又复问其次，亮不答。意思是说，在诸葛亮病重时，后主刘禅遣李福来慰问，实际是要问诸葛亮在他死后谁可堪大任。李福宣旨告辞几天后又回来，诸葛亮告诉李福说：“我知道你为什么回来，你是想问我死后谁能接我的班，我推荐蒋琬。”李福又问：“蒋琬之后呢?”诸葛亮说：“我推荐费祎。”事实上，蒋琬、费祎在诸葛亮死后，确实成为继承诸葛亮大业的人，可是诸葛亮刚死，在前方就发生魏延、杨仪的冲突，蒋、费等处理未见得当，终使冲突强化，内部招致损失。陈寿评赞蒋琬是“方整有威”，费祎是“宽济而博”，虽是人才，究竟才具过小，不能担当起诸葛亮的遗志大业，蒋、费一死之后，更是后继乏人。由此足见诸葛亮在蜀汉兴亡中的重要地位和作用。

不仅如此，在老百姓心目中，诸葛亮亦颇有声望，这可以从其死后建庙祭祀的事情上看出来。史书上是这样记载的：亮初亡，所在各求为立庙，朝议以礼秩不听。百姓遂因时节私祭之于道陌上。言事者或以为可听立庙于成都者，后主不从。从封建礼制讲，天子为至尊，诸葛亮不过一人臣而已，不能超越“礼秩”，为其立庙祭祀，所以刘禅不允。然而，蜀汉的百姓却不管朝廷的“礼秩”，因为诸葛亮在他们心中的形象是无法磨灭的。据史书记载，“汉中之民，当春月，男女行哭，首载白楮币，上诸葛公墓，其哭甚哀”。这说明，诸葛亮的精神仍活在蜀汉民心之中。

直到二十九年之后，也就是公元263年，即蜀汉景耀六年，步兵校尉习隆、中书侍郎向充向后主刘禅上了一道表章，说：自汉兴以来，小善小德而图形立庙者多矣。况亮德范遐迩，勋盖季世，王室之不坏，实斯人是赖，而蒸尝止于私门，庙像阙而莫立，使百姓巷祭，戎夷野祀，非所以存德念功，述追在昔者也。今若尽顺民心，则渎而无典，建之京师，又逼宗庙，此圣怀所以惟疑也。臣愚以为宜因近其墓，立之于沔阳，使所亲属以时赐祭，凡其臣故吏欲奉祠者，皆限至庙。断其私礼，以崇正礼。意思是说，汉代以来，比诸葛亮之才能不及者都已经建庙祭祀了，诸葛亮功勋卓著，在民间很受爱戴，与其让民众私自混乱祭祀，不如建庙以顺民心。至于选址，依古制在京师不妥，不如在靠近他墓地的沔阳建庙，以使对他的祭祀符合礼制。后主刘禅批准了这道奏章，下诏在沔阳为诸葛亮立庙。这次立庙，虽然没有尽顺民心，将诸葛亮庙立于成都，而是立在远离京师的沔阳，并禁断私祀，限至庙中祭祀，但总算看到了诸葛亮的德范遐迩，勋盖季世，看到了诸葛亮的精神生命在民间的旺盛生命力。

耐人寻味的是，也就是在这一年，公元 263 年即景耀六年，当祭祀诸葛亮的庙在沔阳建起时，蜀汉灭亡了，皇帝诏令投降的敕书由成都遣使者送至蜀汉各个关隘。蜀汉灭亡不到两年，司马懿的孙子司马炎取魏禅代，司马家族经过三代人苦心孤诣的政治蚕食，终于全面掌控了北中国的政权，三国的历史自那一年起发生了转折，从此，历史转向了另一条路。公元 271 年，即西晋泰始七年，安乐公刘禅在洛阳病逝。公元 280 年，即西晋太康元年，西晋统一中国。天下重获太平，历史又翻开了新的一页。

结　语

——寻常人与不寻常之处

杜甫有诗云：诸葛大名垂宇宙，宗臣遗像肃清高。三分割据纡筹策，万古云霄一羽毛。伯仲之间见伊吕，指挥若定失萧曹。运移汉祚终难复，志决身歼军务劳。诸葛亮，在中国历史上是一个伟大的人物。他的功业和人格，不但传颂于当时，直至现在，关于他的故事和传说，还是脍炙人口，令人称道不绝。《三国演义》中的“孔明借东风”，戏台上的“空城计”，似乎永恒地会使读者、观众产生浓厚的兴趣；他的名字真算是妇孺皆知；他的大名深入民间，流芳万古，正所谓“诸葛大名垂宇宙”。他是如此令人怀念和爱戴，从历史上蜀中百姓以各种形式来纪念诸葛亮上可见一斑。西晋时期，有载：“亮死至今数十年，国人歌思，如周人之思召公也。孔子曰‘雍也可使南面’，诸葛亮有焉。”到了唐代：“武侯死殆五百载，迄今梁、汉之民，歌道遗烈，庙而祭者如在，其爱于民如此而久也。”据宋代的记载：“世传《明皇幸蜀图》，山谷间有老叟出望驾，有著白巾者。释者曰：‘为诸葛武侯服也。’”到了明朝：“蜀山谷民皆冠帛巾，相传为诸葛公服，所居深远者，后遂不除。今蜀人不问有服无服，皆戴孝帽，市井中人，十常八九，谓之戴天孝。”如果仅就诸葛亮建立和治理蜀汉的政治军事功业而论，他不仅比不上夏、商、周三代的名相，就连西汉统一王朝的开国功臣萧何、张良、曹参等也难以企及。可见，令他大名永垂的不在于其功，而在于其人。

又有古诗云：剑江春水绿沄沄，五丈原头日又曛。旧业未能归后主，大星先已落前军。南阳祠宇空秋草，西蜀关山隔暮云。正统不惭传万古，莫将成败论三分。即使到了今天，对诸葛亮一生是非成败的评论依旧是争论不休。有段历史记载颇耐人寻味：“桓宣武温征蜀，犹见武侯时小吏，年百余岁，桓问：‘诸葛丞相今谁与比？’意颇自矜。答曰：‘葛公在时，亦不觉异；自葛公殁后，不见其比。’”这个东晋时期的小故事对我们理解诸葛亮其人颇有启发。小吏的回答是：当诸葛亮在世时，也不觉得他有非常人之处，但自从其去世以后，才发觉没人能比得上他。也就是说，首先，诸葛亮其人并非有神异之处，他也是一个寻常人。他既不是身穿八卦道袍，纶巾羽扇，能知过去未来，呼风唤雨的神仙术士，也不是长于奇谋诡计，屈指一算，计上心来的“智多星”；其次，但他又并非只是一个普通的人而已，他身上有别人“不见其比”之处，即精神、人格的伟大之处。

诸葛亮是一个有德性的人。诸葛亮重德，在他的言论中，有许多关于“德”的论述。论及历史，他有言：“汤、武修德而王，桀、纣极暴而亡。”“昔在项羽，起不由德，虽处华夏，秉帝者之势，卒就汤镬，为后永戒。”称赞刘备，他有言：“刘公雄才盖世，据有荆土，莫不归德，天人去就，已可知矣。”称赞刘禅，他有言：“天资仁敏，爱德下士。”自我评价，他有言：“德薄任重，惨惨忧虑。”劝告他人，他有言：“君但当以德辅时耳。”教诫其子，他有言：“俭以养德。”以上所引，“德”之外延并不完全相同，但就诸葛亮本身而言，“德”即自身的品德修养，与儒家的“修身”密切相关。《礼记·大学》中有一段非常著名的论述：古之欲明德于天下者，先治其国。欲治其国者，先齐其家。欲齐其家者，先修其身。欲修其身者，先正其心。欲正其心者，先诚其意。欲诚其意者，先致其知。致知在格物。物格而后知至，知至而后意诚，意诚而后心正，心正而后身修，身修而后家齐，家齐而后国治，国治而后天下平。自天子以至于庶人，一是皆以修身为本。

纵观诸葛亮的一生，不论是自我修养，还是辅佐政权，皆能以“德”律己，以“德”服人，实在称得上是一个有德性的人。他是如何修身养德的呢？从他对后代的谆谆教诲中可见一二：夫君子之行，静以修身，俭以养德，非淡泊无以明志，非宁静无以致远。夫学须静也，才须学也。非学无以广才，非志无以成学。淫慢则不能励精，险躁则不能治性。年与时驰，意与日去，遂成枯落，多不接世，悲守穷庐，将复何及！这是《诫子书》中的一段话，正是修身四部曲——格物、致知、意诚、心正的最佳注脚。

诸葛亮是一个“仰望星空、脚踏实地”的人。这是说他不仅是一个有理想的人，而且敢于为了理想而不懈奋斗。生逢乱世，家遭不幸促使他早在青年时期就立下大志向：为天下太平，匡复汉祚而努力。因此他博览群书，问学于师友，充实知识，努力提高自己的各种能力，先为远大志向韬光养晦，集聚能量。在实现理想的过程中，他又能脚踏实地，事必躬亲，实在令人敬佩。更为可贵的是，为了自己的理想他从不放弃，即使遭遇挫折也百折不挠，正所谓“鞠躬尽瘁死而后已”。有很多人认为这句话主要是体现诸葛亮的忠贞热忱，还不够全面。诸葛亮自出草庐，即决心献身国家，为光复汉祚、扶翼正统而奋斗。蜀汉的局面，当时处境不易，间关百折，奋发撑持，全仗诸葛亮的持之以恒。刘备死后，诸葛亮继辅昧弱的后主，邦国安危，责在双肩，国事万端，丛集一身，尽心任劳，人可想见，这又说明诸葛亮是一个有责任心的人。

诸葛亮是一个秉公无私的人。诸葛亮理政，一秉大公，绝无私念。惟公才能赏罚分明，以严法治蜀而人无怨言。所谓“开诚心，布公道”者，

诸葛亮能切实行之。凡所引荐，总是“为事择人”。入蜀后，诸葛亮身为丞相，绝不以权谋私，对弟弟要求甚严，致使弟弟官位不显。诸葛亮北伐，以将军向庞为中都督，掌宿卫禁军实权。而诸葛均为长水校尉，名义上为禁卫军长官之一，但为闲职，故终身默默无闻。建兴五年，诸葛亮进驻汉中准备北伐。当时，他的过继儿子诸葛乔已经二十四岁，诸葛亮便把他带到汉中前线，让他与诸将子弟一起，在高山深谷之中风餐宿露，为军队传输运粮。他在写给哥哥诸葛瑾的信中说：乔（指诸葛乔）本当还成都，今诸将子弟皆得传运，思惟宜同荣辱。今使乔督五六百兵，与诸子弟传于谷中。作为一国丞相之子，丝毫没有特殊，而是和诸将之子同甘共苦，为国尽力。据史载，《诸葛亮集》曾有复李严的一封信。原来李严曾劝武侯宜受九锡，晋爵称王，诸葛亮回信中这样写道：吾与足下相知久矣，可不复相解！足下方诲以光国，戒之以勿拘之道，是以未得默已。吾本东方下士，误用于先帝，位极人臣，禄赐百亿，今讨贼未效，知己未答，而方宠齐、晋，坐自贵大，非其义也。若灭魏斩叡，帝还故都，与诸子并升，虽十命可受，况于九耶！意思是说，我和你认识这么久，你还不了解我吗？我本来是一个普通人，能为先主刘备赏识，任为丞相，已是诚惶诚恐。现在讨伐逆贼未见成效，知遇之恩还未报答，更何谈加官晋爵呢？李严自然是别有用心，但诸葛亮淡泊于名利，一旦献身国家，瘁力从公，哪有个人名位念头！复信义正词严，公而忘私的磊落胸怀可见。诸葛亮的日常生活也自奉甚俭，这可从他的“素舆、葛巾、羽扇”的朴素服饰、用具上窥见一斑。他倾注心力于国事，不治家人生产，简直就不会想到个人的口腹物欲和室家之私。俭可养廉。诸葛亮未死之前，曾上表后主说及他的家况：成都有桑八百株，薄田十五顷，子弟衣食，自有余饶。至于臣在外任，无别调度，随身衣食，悉仰于官，不别治生，以长尺寸。若臣死之日，不使内有余帛，外有赢财，以负陛下。他死后，家况正如他所述，这正是以身践行“非淡泊无以明志，非宁静无以致远”。淡泊宁静，都是指屏除私欲而言。淡泊，使个人的私欲无所生，而后能明大志，为公为群，成全大我。宁静也就是澄心寡欲，唯有澄心寡欲，才不致被纷扰的私利动于心，才能神清心定而致乎远。

诸葛亮是一个谦让诚恳的人。晋武帝时，樊建为给事中，一天，武帝问建诸葛亮治国之道。建答：“闻过必改，而不矜过，赏罚之信，足感神明。”诸葛亮虽具大才，又智颖过人，但他并不矜夸自己，自满傲慢。待人接物，态度谦诚。有许多人负才自恃，往往蔑视他人，态度不逊，这就是不谦。诸葛亮不但才大，并且位高权重，本来尽可尊大自居，颐指气使，但他谦虚唯恐不及，别人的长处，他称道不置；别人的过失，他常引为己咎。做丞相时，他曾和参谋僚属说：“夫参署者，集众思，广忠益也。若远小嫌，难相违覆，旷阙损矣。违覆而得中，犹弃弊骄而获珠玉。然人心苦不能尽，惟徐元直处兹不惑；又董幼宰参署七年，事有不至，至于十反，来相启告。苟能慕元直之十一，幼宰之殷勤，有忠于国，则亮可少过矣。”诸葛亮是希望别人对于某一问题尽量发表意见，互相讨论，使能集思广益，得到真理。这足以见出诸葛亮不自以为是的大胸襟大气度。不仅如此，诸葛亮还乐于接受别人的直言，勇于承认自己的疏失。他说：“昔初交州平，屡闻得失；后交元直，勤见启诲；前参事于幼宰，每言则尽，后从事于伟度，数有谏止；虽资性鄙暗，不能悉纳，然与此四子终始好合，亦足以明其不疑于直言也。”从他为人的几个事例中亦可体现这种品质。刘琰风流善谈，但言语放诞，不肯切实负责做事，诸葛亮责罚他，后琰表示改过，复其官如故。刘巴以智术见长，诸葛亮曾说：“运筹帷幄之中，吾不如子初远矣。”许靖年高有名，诸葛亮为之拜，其待人之诚恳谦让如此，令人感佩。

诸葛亮人格精神的魅力，凡此种种，如今只略举如上，并非尽言。如前所说，他是一个寻常人，但又具不寻常之处。愿读者诸君能于诸葛亮一生之叙述中探得一二，以镜鉴之。丰功伟绩，足以引人慨叹，伟大人格，虽不能至，仍可心向往之。如若你追慕其人而意图访其踪迹，当你行至“武侯祠”，再次吟咏杜甫《蜀相》诗时，一千多年前的那个诸葛亮或许并不那么遥远：丞相祠堂何处寻，锦官城外柏森森。映阶碧草自春色，隔叶黄鹂空好音。三顾频烦天下计，两朝开济老臣心。出师未捷身先死，长使英雄泪满襟。